LE CAUCHEMAR DE MA VIE

ALEXANDRA FRITZ

LE CAUCHEMAR DE MA VIE

LA PERSÉCUTION

LE CAUCHEMAR DE MA VIE, « LA PERSÉCUTION »
Un fils aîné de 22 ans d'une première relation et un fils de 12 ans en commun avec mon ex, celui dont je parle et que je nomme
« L'AUTRE » ou « CE FOU ».

© 2022, ALEXANDRA FRITZ
Édition : BoD – Books on Demand
12/14 rond-point des Champs-Élysées, 75008 Paris
Impression : BoD - Books on Demand, Norderstedt, Allemagne
ISBN : 978-2-3224-1151-1
Dépôt légal : février 2022

PRÉFACE

J'ai décidé d'écrire mon histoire à travers ce livre, dans l'espoir qu'un jour on m'écoute, et pour partager au monde ma douleur ainsi que me vider la tête de toutes ces horreurs. Je me présente, je m'appelle Alexandra, j'ai 47 ans, et je vis aujourd'hui avec mon amour depuis deux ans un grand bonheur. Mais derrière ce bonheur se cache une persécution de mon ex-compagnon, « l'autre », et de notre fils. « L'autre », excessivement jaloux, seul, sans courage et lâche. Pendant 16 ans, j'ai vécu avec un tyran, brutal et mythomane. Seize ans de cauchemar et cela continue après notre séparation. Harcèlement permanent qui me détruit à petit feu. Plaintes, assignation devant le juge des affaires familiales et le juge pour enfant, violences physiques, verbales, morales, menaces, viol, harcèlement, ce sont tous ces événements de vie que je vais vous décrire. À bout, n'en pouvant plus, ne sachant plus quoi faire, j'ai même écrit au président de la République, au procureur de la République de Strasbourg, toutes ces démarches pour sauver mon honneur. Durant ces 16 années de vie commune, j'ai à plusieurs reprises quitté le domicile, avec mes enfants, pour nous protéger de « l'autre » qui me faisait souffrir. Toujours, malgré tout, je suis toujours revenue, dans l'espoir que tout s'arrange et de pouvoir vivre une vie de famille pour mes enfants, avec un père et une mère. Maintenant, je vais tout vous raconter, depuis le début de ma vie de femme, de mère, qui a commencé à mes 25 ans.

Chapitre 1

Ma première relation a été assez chaotique, sans doute ai-je été trop jeune, trop naïve. Je croyais à l'amour et pensais que le premier homme serait le bon. Eh non ! Ce n'était pas quelqu'un pour moi, nous n'étions pas faits l'un pour l'autre. Moi, je voulais vivre, sortir, m'amuser, travailler, avoir un appartement, un homme avec qui partager plein de choses. Mais nous ne partagions que des disputes et des scènes de jalousie. C'était un homme violent. Il me mettait des coups car je discutais avec le voisin d'immeuble qui n'était qu'un vieil homme, me tirait par les cheveux et m'a envoyée à l'hôpital. Je suis restée quelque temps dans cet hôpital, on m'a greffé un tympan à l'oreille gauche. Je ne me laissais jamais faire, mais je reste une femme et un homme est plus fort physiquement qu'une femme. Malgré cette relation difficile, j'ai mis au monde mon premier enfant, un garçon. C'était le plus beau jour de ma vie et je me suis juré de le protéger toute ma vie quoi qu'il arrive. Quand vous vivez une relation avec un homme qui veut vous dominer, ce n'est pas facile, ce n'est pas une vie. Vous perdez toute confiance en vous. Il faut réapprendre à vivre et à se faire confiance. Heureusement que j'avais mon petit garçon, il m'a donné la force d'avancer. Je suis restée seule avec mon enfant pendant un an est demi, à m'occuper de lui, à travailler. J'étais seule, mais heureuse. Mon fils et moi partagions plein de choses, c'était un petit bonhomme, gentil, tendre, doux et calme, c'était « Mon petit POUSSIN ». Un jour, on m'a proposé une place de responsable dans un grand magasin, sur un stand de chaussures, pour une grande marque. Ce travail me plaisait bien, j'avais de bonnes relations avec mes collègues, elles étaient toutes sympas, je sortais de temps en temps les week-ends, l'ambiance était très agréable. Je vivais dans un petit appartement et je devais changer de canapé, mon beau-père m'a conduite dans un magasin accompagné de ma mère et de mon fils Quentin. Ce jour-là, j'aurais mieux fait de me casser une jambe. C'est là dans ce magasin que j'ai rencontré « l'autre », et ma vie allait devenir cauchemardesque. C'était un bel homme, il présentait bien et avait l'air sympa. Il me disait souvent que j'étais une belle femme, m'emmenait souvent au restaurant, au cinéma, très galant, ravi d'avoir une belle femme à ses côtés, chose sans cesse répétée à tous ses collègues et à sa mère. Je pensais avoir trouvé la bonne personne, un homme drôle et intelligent, mais c'est tout. Car notre relation a démarré sur la base d'une relation sexuelle. Oui, c'est une « personne » qui pense énormément au sexe. Moi qui n'avais pas connu tellement d'hommes, je pensais que faire l'amour aussi violemment (hard) était normal, c'est en tout cas ce que « l'autre » a voulu me faire croire à l'époque, et aujourd'hui je qualifie ça de « brutal ». Car « l'autre » s'acharnait sur moi, cela prenait des heures, avec l'aide de sextoys, car soi-disant les femmes aiment ça, et c'est grâce à ça qu'elles ne vont pas voir ailleurs. Quel ramassis de conneries ! Certains soirs, pour ne pas dire tous les soirs, je n'avais pas envie d'aller me coucher en même temps que lui, car je n'avais pas envie qu'il me touche pour pouvoir subvenir à ses besoins pervers. Les soirs où nous n'avions pas de relations étaient si rares, et lorsque cela arrivait deux ou trois soirs de suite, c'était tout de suite la prise de tête. « Pourquoi ? T'as quelqu'un d'autre ? Tu ne m'aimes plus ? » Aujourd'hui, avec le recul, je me dis que oui, je ne l'aimais sûrement pas assez, ou pas comme une femme aime un homme.

« L'autre » m'a séparée de toutes les personnes que j'aimais, que ce soit des collègues de travail, des amies ou des membres de ma famille. « L'autre » ne supportait pas que je puisse passer du bon temps entre amis, pour aller au restaurant, ou danser, ou même juste boire un café chez une amie. Toujours à vouloir tout savoir de mes conversations, moi qui suis de nature indépendante, je me sentais prisonnière, ne pouvant faire quoi que ce soit sans avoir à prévenir, et devant faire un rapport dès mon retour à la maison. J'étais sous son emprise, mais cela, je ne l'avais pas compris tout de suite, être avec un manipulateur, mythomane, par-dessus le marché, c'est difficile à comprendre, car en plus « cette personne » fait tout pour vous faire croire que c'est vous la méchante. Pour « cette personne », il n'y a qu'elle qui sait tout, et je devais lui faire confiance, car « cette personne » avait du vécu et quelques années de plus.

Chapitre 2

Mon début de vie commune a déjà été très mouvementé. Pourtant, je pensais que nous aurions pu être heureux, mais ça, c'est mon côté naïf. L'appartement était bien, grand, avec deux énormes terrasses des deux côtés de l'appartement, et en plus à une minute à pied de chez mes parents.

Quentin allait à l'école juste à côté, et mes parents pouvaient s'occuper de lui à la sortie des classes, moi je le récupérais le soir après mon travail. Un soir de Nouvel An, nous étions invités chez des amis, avec Quentin qui avait tout juste 3 ans. Dans le courant de la soirée, j'avais couché Quentin sur un canapé, car il se faisait tard. Mais, avec le bruit de la musique, il s'était levé à plusieurs reprises, et au bout d'un moment « l'autre » s'est emporté, en criant : « Il fait chier ce gosse ! » Bien sûr, moi, je n'ai pas supporté que « l'autre » insulte mon fils, donc on s'est disputés et un ami m'a ramenée à la maison avec Quentin. Et en rentrant tard dans la nuit à la maison, « l'autre » a allumé la chambre et m'a tirée par les cheveux jusque dans le couloir, en m'insultant de connasse et de salope, car je l'avais humilié devant ses amis…

Vous rendez-vous compte ? Vous vous faites réveiller avec de la lumière, et en plus on vous tire les cheveux, c'est un vrai cauchemar !

Je me suis débattue comme je pouvais, je me suis même cogné le pied sur le coin du mur, j'en garde encore une marque aujourd'hui. Je criais pour que ça s'arrête, que « l'autre » me lâche. Un vrai démon ! Une fois eu son compte de défoulement, « l'autre » est parti se coucher comme si de rien n'était. Déjà là, j'aurais dû le quitter « ce fou », car pas seulement violent, mais jaloux et possessif, ne supportant pas je puisse avoir eu une vie avant lui, persuadé que j'aimais plus le père de Quentin. Je passais des soirées comme dans un interrogatoire, pendant des heures. Mes premiers réveils nocturnes commençaient, car « l'autre » n'arrivait pas à dormir, se torturant de questions au sujet du père de Quentin, il me réveillait régulièrement. Cette persécution était horrible, c'était un vrai cauchemar, je ne dormais pas beaucoup et le lendemain je devais aller travailler, et avoir le sourire, m'occuper de Quentin, et cela me brisait petit à petit.

Bien sûr, j'en parlais à ma mère, qui me disait que « l'autre » était un mythomane et que je devais le quitter, elle savait de quoi elle parlait, elle connaissait ce genre de personne, mon père était pareil. Et que « l'autre » ne me méritait pas. Seulement, « l'autre » arrivait toujours à faire comme si de rien n'était, en me disant bonjour avec un grand sourire en rentrant du travail. Et le soir, pendant le film, ou en allant se coucher, il me faisait culpabiliser, car tout était soi-disant de ma faute. Et moi j'acceptais tout ça, sans rien dire, car déjà j'étais sous son emprise de pervers narcissique. Un jour belle et l'autre moche, grosse, pas féminine, pas intelligente, aucun projet, aucune passion.

L'argent aussi était source de crise, toujours vouloir tout savoir, ce que je gagnais, combien j'avais sur le compte, combien je dépensais pour telle ou telle chose. Le contrôle, « l'autre » voulait le contrôle total sur moi, comme un « DICTATEUR » ! Dès que j'achetais quelque chose à Quentin, il fallait que je le dise, et que ce ne soit pas cher, ou qu'il y ait une promo, pour ne pas avoir de réflexions. Donc je ne disais plus rien et ne montrais plus rien, même si Quentin ne comprenait pas pourquoi il fallait se taire. Je n'ai jamais entamé de discussions en rapport avec l'argent, je n'aime pas ça, c'est source de conflit comme la politique. Avec « l'autre », il fallait toujours mettre de l'argent de côté, pour les voyages, donc pas de sorties en familles au restaurant, ou même aller manger une glace. Mais par contre quand il s'agissait de plantes, de peintures, alors là, ça, c'était normal, « le regard des autres ». Mon premier voyage à l'étranger a été la Thaïlande, pays magnifique, où il fait bon vivre, toujours beau et chaud, nourriture saine et excellente, plages de rêves et un peuple très doux, d'une gentillesse incroyable. Malgré toutes ces belles faces de la Thaïlande, aujourd'hui, je n'y retournerai plus, car j'ai vécu beaucoup de mauvais souvenirs aussi. Toujours des histoires de jalousie, et toujours par rapport au père de Quentin. Les premières ont été, le soir avant le repas, les « Pourquoi tu ne me dis pas tout ? » « À combien de degrés tu l'aimais ? », même jusqu'à « Pourquoi t'as fait un enfant avec lui ? ». Ce harcèlement de questions et de suspicions était insupportable, je ne comprenais jamais rien à ces crises. Nous étions en vacances dans un pays magnifique, alors pourquoi ces crises ?

Pourquoi moi ? Qu'avais-je donc bien pu faire de mal ?

Je n'avais pas de réponse à donner, je ne comprenais rien,

et j'en avais assez d'être la proie d'un pervers narcissique, j'aurais aimé être une souris et rentrer dans mon trou. Mais je me suis tout simplement enfuie et cachée dans un coin du bar de la plage, et j'y ai passé la nuit à guetter sans dormir, juste à somnoler de temps en temps, et dans la peur. Cette nuit-là, « l'autre », de rage, a cassé une porte-fenêtre du bungalow, car je restais introuvable. Le lendemain matin, j'ai fini par me montrer et nous sommes allés prendre un café. Bien sûr, j'ai été insultée et j'ai même eu droit à une brûlure de cigarette sur ma main, juste par plaisir et vengeance. Malgré tout ça, il restait encore quelques jours de vacances, dans une ambiance sous tension, où j'ai dû me rabaisser et me plier au bon vouloir de « l'autre ». Comme soumise. Vivre avec une personne perverse narcissique fait que cela ne s'arrange jamais, bien au contraire, cela continue et c'est à chaque fois bien pire. Tout au début, ça commençait le soir, ou en début de soirée, jusqu'à me tirer les cheveux et me traîner par terre. Même quand il faisait tomber quelque chose, comme du tabac à rouler, je devais le ramasser à quatre pattes. Assise en face de « l'autre », qui fumait des clopes, et moi j'avais interdiction de fumer. Quelle HUMILIATION ! Puis ça commençait le matin, on ne comprend rien, surtout si, le soir, le coucher se passait sans qu'il y ait quoi que ce soit. Mais dès le réveil, subir une agression verbale qui se transforme vite en agression physique, on devient vite folle.

Toute ma famille m'avait mise en garde, et dit de partir, je ne sais pas pourquoi je suis restée, aujourd'hui, je le sais. Ce qui est dur pour une mère, c'est de savoir que son enfant entend toutes ces disputes et les subit, d'une certaine manière.

Quentin était, et encore aujourd'hui, un enfant calme, qui sait prendre ses distances et se faire discret. Pendant les huit premières années, nous avons déménagé trois fois, ce qui n'est pas vraiment énorme, mais les déménagements, aux dires de « l'autre », c'était pour mieux se retrouver et tout recommencer. Seulement, c'était pour m'éloigner de ma famille, car c'était toujours un peu plus loin à chaque fois, sans compter que ses crises étaient pires à chaque déménagement. Je n'ai jamais compris « l'autre », et je crois que je ne le comprendrai jamais, la différence c'est que, aujourd'hui, ça ne m'intéresse PLUS. Un mythomane reste un mythomane, un pervers narcissique reste un pervers narcissique. Au premier déménagement, il était parti trois semaines, soi-disant tout seul, en Thaïlande. J'ai su bien plus tard que c'était avec une copine.

Et, à son retour, je l'ai cherché à la gare avec Quentin, mais ça ne lui a pas plus du tout. Car j'ai eu droit à une scène horrible sur le fait que Quentin n'était pas son fils, et que j'aurais dû le chercher toute seule à la gare. C'était tellement violent que je suis parti chez ma mère avec Quentin.

Quand nous avons déménagé la deuxième fois, rien n'était mieux, juste avec les voisins. Les premiers temps, on se faisait quelques repas ensemble dans la cour, mais je crois qu'ils avaient vite cerné le personnage, car du jour au lendemain, ils ne nous parlaient plus beaucoup. Ils avaient dû nous entendre nous disputer. Mais voyez-vous, ça, c'était encore de ma faute, comme toujours, car « l'autre » est orgueilleux, et retourne toujours tout vers les autres. Son état empirait, plus agressif, méchant, ignoble, l'alcool et les médicaments en plus, j'étais terrifiée et de plus en plus soumise. Un soir, « l'autre » m'a emmenée au restaurant, je n'en avais pas envie, pas avec une personne qui venait de prendre des cachets mélangés avec l'alcool et qui prenait le volant. Malgré ça, et surtout dans la peur, j'y suis allée, et là, je n'avais qu'une envie, c'était de partir. J'ai eu droit à des reproches sur ce restaurant et le fait que j'y étais avec un ex quand j'avais 18 ans. Je n'ai rien pu avaler, « ce fou » avait bu beaucoup d'alcool et moi je pleurais, j'en avais assez d'être insultée et humiliée. De retour à la maison, j'ai profité du fait que « l'autre » me tourne le dos pour préparer mes clefs de voiture, mon sac et mettre ma veste, et m'enfuir. J'ai démarré en trombe et roulé aussi vite que possible sans savoir où j'allais, juste être loin.

Quand j'ai regardé dans mon rétroviseur, cinq minutes à peine après ma fuite, j'ai vu une voiture qui arrivait à toute allure et j'ai su que c'était sa voiture. Je pleurais, criais et j'étais toute tremblante, je n'ai jamais roulé aussi vite de toute ma vie, c'était une vraie poursuite en voiture, comme on voit dans les films. J'ai pris une sortie, sans savoir, et j'ai été bloquée par sa voiture en biais juste devant moi. J'ai fermé les portes et les fenêtres, mais « ce fou » a brisé la vitre de mon côté dans sa colère. J'ai eu la peur de ma vie, heureusement il y a quelqu'un à la fenêtre qui a tout vu et entendu, et une personne est descendue, pour savoir ce qui se passait.

Mais « ce fou » a réussi à faire croire que ce n'était rien et m'a convaincue de me ramener chez ma mère, chacun dans sa voiture. Arrivée chez mes parents, j'étais en larmes et apeurée, j'ai tout raconté à ma mère, et « ce fou » était là à faire semblant d'être petit et a dit qu'il ne comprenait pas pourquoi il avait fait ça. Mettant ses mains dans les poches, « l'autre » a remarqué que ses clefs de voiture étaient restées sur le contact, malheureusement, la voiture avait disparu. Et c'était encore à moi, malgré tout ce qui venait de se passer, de l'accompagner chercher un double des clefs à la maison.

« L'autre » a réussi à me faire mentir, a inventé un plan, comme si on lui avait volé sa voiture au restaurant où nous étions juste avant. « L'autre » est allé porter plainte au commissariat de police pour vol de voiture, et a même réussi à se faire rembourser par l'assurance. Malgré tout ce que j'ai vécu, subi, je n'ai jamais eu droit à des excuses, mais des « si tu… », « c'est à cause de toi… », « tu devrais », « fais ci… fais ça… ».

Chapitre 3

Malgré tout ce que je vivais, je voulais avoir un enfant, sans doute dans l'espoir encore que tout s'arrange, et que « l'autre » aussi. Mais, car dans la vie il y a souvent un mais, ça n'a rien changé du tout, bien au contraire. Mais avant que les crises n'arrivent, tout se passait assez bien, et j'ai pris la décision d'acheter un chien, un beau labrador beige du nom de Bouba. Pour Quentin, c'était super, il avait une présence quand je travaillais, et cela lui permettait de sortir un peu. Lorsque j'ai appris que j'attendais un enfant, c'était comme la première fois, tout aussi heureuse et ravie d'avoir un deuxième fils. Le début de ma grossesse se passait bien, j'étais heureuse, Quentin aussi et je crois que « l'autre » également, du moins c'était l'impression qu'il donnait. Vous savez quand vous êtes enceinte, votre corps change et vous êtes souvent fatiguée, et la libido n'est pas toujours présente. Eh bien moi, j'ai eu droit à des tas de choses rabaissantes, comme : « T'es grosse, tu te laisses aller, tu ne t'habilles pas bien, on dirait une vieille, t'es toujours fatiguée. T'as qu'à avorter, de toute façon je ne veux pas être père ! » Cette phrase m'a ramenée un an en arrière, où j'étais enceinte à cette époque-là, mais « l'autre » n'était pas prêt. Donc je devais avorter, et comme j'en étais au tout début de ma grossesse, cela pouvait se faire à la maison en prenant un cachet spécial. C'était horrible ! Je me suis retrouvée seule sur mon canapé, à perdre du sang, et un fœtus. Quelle horreur ! C'était un moment très difficile. J'avais juste une seule collègue et amie, qui avait pris de mes nouvelles ce jour-là, « l'autre » ne m'avait même pas passé un coup de fil. Je ne me voyais donc pas avorter encore une fois, je voulais garder cet enfant. Mais « l'autre » s'en fichait, c'était mieux de sortir et de se trouver une femme, sans s'en cacher, pas du tout inquiet, tout était normal. Même que cette femme s'est un jour présentée sur mon lieu de travail, je l'ai vue arriver et j'ai su que c'était elle. Lui ayant parlé de cette femme, « l'autre » a trouvé ça drôle. Encore une humiliation de plus, moi enceinte avec mes rondeurs, et elle toute menue, danseuse en plus. Un soir, où je me suis retrouvée seule avec Quentin, je suis partie chez une de mes sœurs, pour me réfugier. Je ne sais pas à quoi servaient mes fuites, mais cela me libérait un peu de cette emprise et de cette vie avec « l'autre ».

Le reste de ma grossesse s'est passé ainsi, des rabaissements, des critiques, quelques jours assez tranquilles heureusement, mais loin d'une grossesse épanouie, comme chacune peut en rêver et devrait la vivre. Il y a eu cette période, où « l'autre » s'est cassé le ménisque en faisant du foot, et j'ai dû le conduire à l'hôpital, enceinte de huit mois. Même pendant l'attente de son inscription à l'accueil, j'ai eu droit à des remarques, et croyez-moi, j'étais contente de pouvoir être un peu seule chez moi avec Quentin pendant quelque temps. Cela m'a permis de souffler un peu et de pouvoir être moi-même.

Lors de mes visites à l'hôpital, la seule chose qui intéressait « l'autre » c'était de me toucher les seins, et constaté qu'ils avaient grossi, mais rien d'autre, pas un seul mot gentil, ou une attention, non, toujours à ne me parler que de sa personne. Un soir en rentrant de l'hôpital, Quentin et moi avons mangé et sommes partis nous coucher tôt. Et cette nuit-là, je me suis réveillée, car le travail de l'accouchement avait commencé par la perte des eaux. Quentin a prévenu une voisine, pour qu'elle appelle une ambulance, et il a passé la nuit chez elle.

Me voilà donc partie à l'hôpital et « l'autre » a été prévenu. Malheureusement, ce n'était pas encore l'heure pour mon fils de sortir et de voir le jour, donc « l'autre » s'est déplacé pour rien en taxi. Et ce n'est que le lendemain soir que Luc est né, mon petit ange. J'étais super heureuse, comme le jour de mon premier enfant, car donner la vie à un petit être, c'est un moment rempli de joie et de bonheur. De retour à la maison, nous étions donc tous les quatre, et j'avais le sentiment d'avoir ma famille. C'est une chose que je rêvais d'avoir depuis toujours, et je l'avais, j'avais aussi dans l'espoir que tout s'arrange et qu'on allait être heureux. ENFIN !

Chapitre 4

Cela a duré quelque temps, comme à chaque fois. Ne sachant toujours pas pourquoi ni comment, cela arrivait, mais ça arrivait. Je n'ai pas encore parlé de ménage, car ça aussi c'était rabaissant, quand « l'autre » passait son doigt sur les meubles et y laissait une trace, pour m'informer qu'il fallait que je fasse le ménage. À me dire : « La salle de bains est crade, c'est dégueulasse ici, tu ne fous rien ! » Et un matin, « l'autre » est sorti des toilettes en me disant : « Il y a de la pisse partout sur les toilettes, tu ne sais même pas faire le ménage, t'es crade ! » Je ne me laissais pas faire, tout le temps, mais « l'autre » me faisait peur, car, dans ces moments-là, son visage se décomposait. Un jour, juste avant d'aller travailler, « ce fou » est venu dans la salle de bains, où je me trouvais avec mon bébé dans les bras, et m'a donné un coup de pied dans les jambes en m'insultant de connasse, parce que je ne lui parlais pas.

Franchement, faut avoir envie de parler avec quelqu'un qui est sans arrêt derrière vous à vous contrôler et rabaisser. J'ai pleuré et attendu que « ce fou » parte pour aller chez les gendarmes et déposer une main courante, qui ne sert absolument à rien. C'était la première fois que j'avais osé en parler à la justice, mais la seule chose que l'on vous conseille, c'est de rester calme et de revenir pour porter plainte si les choses ne se calment pas. À chaque épisode de crise, je me sentais de plus en plus fragile et soumise. Ma personnalité en prenait un coup à chaque fois, comme si j'étais quelqu'un d'autre, sans caractère et peu fière. Toujours à faire en sorte que tout soit nickel, le repas chaud, les chemises repassées, l'éducation des enfants, le ménage et surtout être belle et séduisante, avec le sourire quand « l'autre » rentre du travail. Puis un jour lui vient la lubie d'acheter une maison dans un village, en me disant, encore une fois, « pour se retrouver et tout recommencer ». Seulement moi j'étais en congé parental, donc je n'avais pas beaucoup de rentrées d'argent, et je n'avais surtout pas envie d'acheter avec lui. Mais pour « l'autre », c'était le bon moment, une histoire de taux de prêts peu excessifs, il me semble. Il est vrai que je ne m'intéressais pas trop au dossier pour la maison, de toute façon, « l'autre » décidait de tout et voulait s'occuper de tout. Je ne comprenais pas grand-chose, le peu que j'entendais ne me permettait pas de m'investir davantage. De toute façon, je n'avais pas d'avis à donner, c'était toujours comme « l'autre » voulait.

« L'AUTRE » « SAVAIT TOUT ».

Le calme étant un peu revenu, il n'y avait plus de disputes, enfin, de persécution ! Je me suis investie pour la future maison, les plans, les projets…

Cela fait du bien, croyez-moi, quand la tempête se calme et que le soleil brille un peu à nouveau. L'espoir est peut-être là ?! Le déménagement était bientôt prévu, il fallait faire les cartons, et se préparer à une nouvelle vie, dans un nouveau village, une autre école pour Quentin et de nouveaux copains. C'était au printemps l'emménagement. Au mois d'avril, Luc a fait ses premiers pas là-bas, et Quentin s'est assez vite fait des copains. De toute manière, c'est un garçon très gentil, il est normal qu'il se fasse des copains rapidement.

Je me souviens, un matin, en promenant mon chien toute seule, je me suis dit « Hum ! on sera bien ici ! ». Ça sentait bon vivre. « L'autre » m'avait dit de faire une formation d'assistante maternelle, comme ça, ça me permettrait de m'occuper de Luc et de Quentin, et de rester à la maison. L'idée n'était pas mauvaise, je n'avais pas à ce moment-là imaginé que c'était uniquement pour que je ne voie personne, et que je ramène quand même un salaire. Le premier jour de ma formation, j'étais assez contente de voir du monde, de parler d'autre chose, de me faire de nouvelles amies. Il y en avait trois qui habitaient dans le même village, ça nous permettait d'aller ensemble le matin à la formation avec une seule voiture. Je me suis très vite liée d'amitié avec Sophie, une fille rigolote et généreuse. Et toutes les quatre, on se voyait souvent, à boire un café chez l'une ou l'autre. On sortait manger au restaurant, pour diverses occasions, anniversaire ou Noël, sans en abuser. « L'autre » était content pour moi, au début, que je me fasse des copines et que je sorte. Je ne sais plus combien de temps exactement, peut-être huit mois, dix mois, un an, mais c'était chouette, comme si « l'autre » était guéri ou alors le fait d'avoir sa propre maison a tout apaisé ! Les premiers enfants que je gardais à la maison en tant qu'assistante maternelle étaient des garçons, dont un bébé et un enfant de trois ans qui allait à l'école. Et très vite, je me suis fait une réputation de bonne assistante maternelle, tout le monde me connaissait dans le village, me trouvait très gentille et sympathique. J'avais beaucoup de demandes pour faire garder les enfants, mais je ne pouvais pas prendre tout le monde. Quand Luc est allé à son tour à l'école, j'ai pu en prendre plus, je m'occupais de quatre enfants en plus des miens.

Cela faisait beaucoup de monde à la maison, et moi, ça me plaisait bien, il y avait de l'ambiance, mais aussi parfois des pleurs de bébé, ce qui agaçait très souvent « l'autre ». Mais cela fait partie du travail, les enfants ne sont pas des statues ! Puis, petit à petit, je commençais à nouveau à avoir de petites réflexions sur le ménage, les sorties, le bruit des enfants… Puis, de plus en plus, et des crises plus grandes. Je n'avais pas le droit « d'être fatiguée, et de ne rien foutre à la maison », car mon travail était soi-disant « pénard » !

Je me suis sentie à nouveau fliquée et sous son emprise, comme une petite fille qui a peur et qui se cache pour ne pas être vue. Une prisonnière !

Chapitre 5

Travailler à la maison, avec des enfants, et une personne qui est là tous les matins, dans vos pattes, à vous surveiller et à parler tout le temps de sa personne et de son problème, sans vous laisser faire votre job, eh bien, ce n'est pas facile et pas simple du tout. Il fallait que je protège les enfants de cette ambiance, je ne pouvais donc que me laisser faire et dire comme une soumise, sinon, les enfants auraient été mêlés aux cris. Je me devais de protéger ces enfants, ils étaient loin de leurs parents toute la journée, et les parents ne doivent pas se disputer devant leurs enfants, ce n'était donc pas juste qu'ils subissent des cris chez moi. J'arrivais de temps en temps à faire comprendre à « l'autre » que le moment en journée était mal choisi et que la conversation se ferait le soir, quand les enfants seraient partis. On ne s'est pas beaucoup parlé pendant un certain temps, il y avait une ambiance bizarre à la maison. Je suis partie un week-end avec Luc, chez ma sœur Corinne qui habitait en Hollande, « l'autre » ne s'y était pas opposé. Et j'ai compris pourquoi à mon retour. Me voilà partie, tout heureuse de souffler et de retrouver ma sœur. La seule chose qui m'inquiétait, c'était que Quentin reste avec « l'autre », je ne savais pas trop ce qui aurait pu se passer en mon absence pour Quentin, mais il avait voulu rester pour voir ses copains.

Durant mon trajet en voiture, je chantais, je rigolais avec Luc, il avait trois ans, et moi j'étais LIBRE !

Lorsque je suis arrivée chez ma sœur, après six heures de route, je n'avais pas pensé ni eu l'envie de prévenir « l'autre ». Un peu égoïstement !

Mais c'était mon week-end, mon moment de liberté !

Et bien sûr, j'ai eu droit au coup de fil, il est vrai que j'aurais dû prévenir que nous étions bien arrivés, mais je ne l'ai pas fait. Sur ce, il pensait que j'avais un amant, « quelle blague ! », surtout avec Luc. Le soir, j'avais droit au coup de fil, vers les deux, trois heures du matin, parce que « l'autre » n'arrivait pas à dormir, et je devais jurer que j'étais bien juste avec Luc et pas avec un amant. Même ma sœur dans la journée devait confirmer que j'étais bien seule avec Luc, sans homme. Vous rendez-vous compte ? Avec tout ce que j'ai subi, je n'ai jamais trompé « l'autre », je suis fidèle, que ce soit en amour ou en amitié. J'ai longuement discuté avec ma sœur, pendant ce week-end, de ma vie et de ce que je subissais. « Ça ne peut durer comme ça », m'a-t-elle dit. Je le savais bien, mais, au fond de moi, c'était comme si, malgré tout, je ne pouvais pas vivre sans « l'autre », tellement j'étais sous son emprise !

Pendant mon week-end, Quentin, lui, l'a passé à chercher sur Internet la liste des coups de fil que j'avais pu passer. « L'autre » a fait subir à Quentin la même chose que moi. Harcelé de questions à son tour, Quentin a passé des heures à chercher des preuves d'un éventuel amant que j'aurais pu avoir, tout ça, sous la pression de « l'autre ». J'ai appris tout ça à mon retour, j'ai vite regretté de l'avoir laissé tout seul avec ce psychopathe. Quand nous sommes rentrés, Luc et moi, la maison était vide, j'ai essayé de les joindre, mais sans succès.

À leur retour, « l'autre » a pété les plombs, jeté un cendrier par terre, et a commencé à me faire subir un interrogatoire. M'a insultée de salope et d'égoïste, parce que je l'avais laissé, comme ça, tout le week-end à cogiter, que soi-disant je le torturais, que j'avais une liaison avec mon amie Sophie, parce que je passais deux heures au téléphone avec elle. Que ce n'était pas normal, que pouvions-nous bien nous dire pendant deux heures ? Voilà, d'un amant, c'est passé à une maîtresse, mon amie ! Je n'avais pas le droit de passer du temps au téléphone, surtout si je ne racontais rien après. Nous étions rentrés vers 18 h 00, Luc et moi, et de cette heure-ci jusqu'au milieu de la nuit, mon interrogatoire a duré. Pendant le temps où je subissais des coups de gueule, je m'occupais quand même de mes enfants, Luc avait faim et il était fatigué, il fallait bien que je m'occupe d'eux, je n'allais pas les laisser comme ça. Donc je leur ai préparé à manger, et ils sont partis se coucher. Pour moi, rien n'était fini, j'étais toujours harcelée de questions, humiliée et rabaissée. J'en avais marre, j'étais crevée, et j'en pouvais plus de fumer des cigarettes sur cigarettes. J'ai fini par dire que je n'en pouvais plus et je suis partie me coucher, dans le lit avec mes enfants, dans la chambre de Quentin, parce que nous avions peur ! Au bout d'une heure à peu près, « l'autre » est venu me chercher, ma valise était ouverte sur notre lit, toutes mes affaires étaient en vrac. « L'autre » était comme un fou, à baver en parlant, le visage tout décomposé, déformé par les cachets et l'alcool, on aurait dit un démon !

J'en pouvais plus de ses crises, je ne comprenais rien, je ne savais pas quoi dire, je n'avais rien à me reprocher, ce n'est pas moi qui étais folle. Que pouvais-je bien lui dire, quelle vérité ?

Et comme toujours, ça finissait comme « l'autre » voulait, que je réponde ce que « l'autre » voulait entendre. Que moi, je culpabilise, que tout est à cause de moi, que je m'excuse, et encore à moi de dire « je t'aime ». Puis « ce fou » a voulu faire l'amour, je ne pouvais pas, je n'avais pas envie, j'étais dégoûtée. Je l'ai fait quand même, avec grand dégoût, car c'était brutal, et je voulais que ça se termine, j'étais fatiguée de tout ça. Et pour la première fois, j'avais le sentiment d'être violée ! Et j'ai pleuré discrètement, dans mon oreiller, pour pas que « ce fou », « ce pervers », « ce grand malade » m'entende.

Chapitre 6

Je suis superstitieuse, et nous étions en 2013, la pire année de ma vie ! Depuis l'épisode de mon week-end chez ma sœur, plus les jours passaient, pire c'était. « L'autre » prenait de plus en plus de cachets avec le mélange de l'alcool, les week-ends étaient longs, les soirées interminables. Je pouvais uniquement souffler quelques moments, quand « l'autre » était au travail, ou que j'emmenais les enfants à l'école ou en promenade.

À la maison, tout le monde y avait droit, aux réflexions, harcèlements et coups de gueule. Quentin, lui, c'était parce qu'il n'était pas fort à l'école, il était traité de nul, de bon à rien et de crade. Luc, lui, était un chouchou à maman, toujours dans les jupes de sa mère, qui n'aime pas son père. Et moi, une grosse, une crade, une fainéante, une égoïste, une inculte sans projet ni passion. Bref, « l'autre » nous a bien pourri la vie cette année-là. Ma maman était malade, gravement malade, elle avait un cancer du foie, c'était son deuxième cancer, elle s'était sortie du cancer des ovaires quelques années avant. C'était déjà très dur à vivre de savoir sa maman malade, et qu'elle n'allait pas s'en sortir cette fois. Et, en plus, « l'autre » ne me laissait pas en paix avec ses crises, moi, je ne pouvais rien faire pour l'aider, tout venait de lui, pas de moi. Chaque matin, quand je me levais, je prenais un café avec une cigarette, sans prendre le temps de déjeuner, tellement j'étais pétrifiée. À son réveil, « l'autre » avait la même tête de démon, parce que tous les soirs, avant de se coucher, c'était cachets et alcool pour dormir. J'appréhendais de me retrouver face à « l'autre », ses premiers mots étaient méchants et agressifs, je faisais trop de bruit, et les gosses aussi, il ne voulait plus voir ma gueule ni ces gosses. Heureusement que le samedi « l'autre » travaillait toute la journée. J'en profitais pour aller voir ma maman avec mes enfants, l'emmener faire des courses et l'aider dans son quotidien, lui faire voir autre chose, parler un peu de tout. Je ne lui parlais pas de moi et de mon quotidien à la maison, elle avait bien d'autres soucis à penser, mais elle s'en doutait. Quand je rentrais chez moi, je me dépêchais de faire le ménage, pour que je n'aie pas de réflexions, je préparais le repas pour que tout soit prêt. En fait, je me rabaissais de plus en plus, pour qu'il n'y ait pas de cris, pour que tout soit le plus calme possible, pour mes enfants et moi. Mais rien n'y faisait ! Dès que « l'autre » rentrait, le premier réflexe était de se servir un verre de vin avec une cigarette. J'essayais d'entamer la conversation, en demandant si sa journée s'était bien passée, pour calmer la tempête, puisqu'il fallait toujours le caresser dans le sens du poil. Cette ambiance était invivable pour nous, mes enfants et moi. Tous les deux restaient dans leur chambre jusqu'à ce que l'on passe à table, pour ne pas assister aux coups de gueule. « L'autre » leur adressait à peine la parole, juste « salut ». Il n'y avait qu'avec Luc, il devait venir s'asseoir sur ses genoux, mais

Luc n'en avait pas envie, alors il se faisait disputer et forcer à le faire quand même. Bien évidemment, si Luc ne voulait pas faire un bisou, c'était forcément de ma faute, car je passais toute la journée avec lui. Un jour, j'ai eu droit à : « Il faut que tu cherches un autre travail, car les enfants à la maison, ce n'est plus possible. »

Que Luc devait aller chez une nourrice, comme ça, il se rapprocherait de son père. Mais cet avis a vite changé, car si je trouvais un autre travail à l'extérieur, cela voulait dire aussi risque de copains et de copines, et donc d'indépendance. Ça, ce n'était pas possible, parce qu'il fallait que je ne dépende que de « l'autre » ! Donc j'ai continué à garder des enfants à la maison. Comme tout était prétexte, lors des crises, j'avais droit aussi aux remarques sur le fait que j'achetais des habits pour mes enfants, surtout pour Quentin. Car Quentin, aux dires de « l'autre », avait assez d'habits et de toute façon il mettait toujours les mêmes.

Pour Luc, c'était différent, car c'était son fils, et Quentin ne comptait pas. Pendant longtemps, ce n'est que moi qui payais les habits de Luc, sans que « l'autre » pense une seconde qu'un enfant ça grandit, donc qu'il a besoin de nouveaux vêtements très souvent.

Quand j'emmenais mes enfants au Mac Donald's, j'entendais : « Avec quel argent ? » Je travaillais, j'avais quand même le droit de payer un Mac Do à mes enfants, sans rendre de comptes, c'était mon argent !

J'ai arrêté de dire que je les emmenais au Mac Do, tant que Luc était petit et qu'il ne racontait rien encore. Quentin ne disait jamais rien de toute façon. Je n'ai jamais voulu avoir de compte en commun avec « l'autre », c'était pour moi une certaine liberté que j'avais encore, sinon j'aurais été coincée, pieds et mains liés. Quand « l'autre » a voulu racheter le crédit, j'ai dit non, je ne voulais plus rien partager, je ne voulais plus rien avec « l'autre ».

Chapitre 7

Un soir, peu avant l'été de cette même année, nous étions invitées à un barbecue, Sophie, Rose et moi, mes copines de formation, chez Nadia et son mari Philippe. Ce fut une très bonne soirée, d'autant plus qu'un de leurs amis était venu. Guillaume, un homme très gentil et attentionné avec qui j'avais beaucoup discuté, le courant était bien passé. Je l'ai revu quelques fois, chez Nadia et son mari, nous avons partagé quelques repas ensemble, et des parties de billard. Je trouvais cet homme très charmant et drôle, j'étais contente de le revoir de temps en temps, mais il ne s'est jamais rien passé entre nous. Pour cela, il faudra attendre encore quatre ans. Mis à part ces petits moments de bonheur et de détente pour mon cerveau, rien à la maison ne changeait.

« L'autre » devenait de plus en plus agressif, tous les sujets y passaient. Que ce soit l'argent, l'éducation des enfants, les courses, le ménage, ou tout simplement moi. Je continuais, les samedis, à aller voir ma maman, son état empirait, elle était de plus en plus fatiguée, ne mangeait pas grand-chose et avait très mal. C'était déjà très dur pour moi, je vivais un vrai cauchemar avec « l'autre », c'était impossible de lui faire part de mon chagrin concernant ma maman.

Je devais gérer ma souffrance et mon chagrin toute seule. J'ai beaucoup discuté avec Nadia, à cette époque-là, nous étions très proches. Les après-midi, j'allais chez elle avec les enfants que je gardais, pour prendre le goûter et pour que les enfants puissent jouer ensemble, dans sa cour ou au parc. Quand « l'autre » était au travail ou à Paris pendant 2 ou 3 jours, pour ses réunions syndicales, je pouvais enfin respirer et j'étais contente de pouvoir faire comme bon me semblait, et sans stress, mes enfants le ressentaient bien. Je me sentais libre de pouvoir être celle que je suis réellement, drôle, amusante, pleine d'amour et de joie de vivre, sans sa compagnie. Je pouvais téléphoner à ma maman, à ma sœur ou à mes amies comme je voulais, sans avoir de comptes à rendre. Mes enfants étaient plus détendus, plus présents, et passaient moins de temps dans leur chambre. Pour vous dire à quel point « l'autre » nous stressait tous les trois.

Au mois de juillet, un soir, nous étions tous dehors pour un barbecue. Et pendant le repas, « l'autre » n'arrêtait pas de me fixer du regard, jusqu'à ce que je demande ce qu'il y avait. Et là, avec son ton agressif et sa tête de « démon », « l'autre » m'a répondu : « Tu te fous de ma gueule à me cacher des choses ! » J'ai été choquée de cette phrase. En fait, je ne lui avais pas montré le bulletin scolaire de Quentin, qui était assez moyen, par peur d'une dispute et de crises, c'était déjà assez dur comme ça cette ambiance, je ne voulais pas en rajouter.

Mais vu que mes affaires étaient toujours fouillées, le bulletin de Quentin a été trouvé. Et là, « ce fou » a commencé à pousser violemment les assiettes sur la table, à baver en parlant et en se tapant les mains sur sa tête, à gueuler comme un « fou » que j'étais toujours à tout lui cacher. Que je me foutais de sa gueule, qu'il allait se foutre en l'air, tout ça devant les enfants. Puis « ce fou » s'est levé pour aller prendre un verre de cognac, s'est assis et a continué à gueuler.

Luc s'est mis à pleurer et je l'ai pris dans mes bras pour le rassurer.

Je n'ai fait que protéger mon fils Quentin, pour ne pas qu'il se fasse engueuler, voire gifler. Mais ce n'était pas fini, brusquement, il s'est levé de sa chaise, a marché en titubant pour s'asseoir dans le canapé, tout en criant : « Je vais me foutre en l'air et tu vas le payer. » J'ai eu très peur, pour mes enfants et moi, Luc était encore tout petit, il n'avait que 5 ans et ne cessait de pleurer. Quant à Quentin, qui avait 15 ans à cette époque, il a bien géré la situation. « L'autre » s'étant écroulé par terre, Quentin a essayé de le relever, et moi, j'ai téléphoné aux pompiers tout en serrant Luc contre moi. Lorsque les pompiers sont arrivés, relativement vite, ils ont essayé de faire parler « l'autre », puis ce fut l'arrivée des gendarmes, et là « ce fou » a voulu se débattre à vouloir faire le malin, en leur disant qu'il était chez lui et qu'il faisait ce qu'il voulait. J'ai demandé à Quentin de rester dans la chambre avec son frère pour ne pas qu'ils assistent à tout ça. « Ce fou » a continué son cirque. Moi j'étais apeurée et en panique, j'ai raconté tout ce qu'il s'était passé et j'ai même demandé qu'ils l'emmènent loin de nous. Quand le médecin est arrivé, il a voulu ausculter « l'autre », mais sans succès, les gendarmes ont dû le plaquer au sol car « l'autre » se débattait, le médecin lui a fait une piqûre dans ses fesses pour le calmer. Après ça, ils ont fini par le mettre dans l'ambulance pour l'emmener à l'hôpital EPSAN de Brumath. Les gendarmes sont restés avec moi un moment, pour que je leur explique à nouveau ce qu'il s'était passé. Me revoilà encore une fois à raconter cette horrible scène en la revivant. Après leur départ, je me suis retrouvée au milieu de mon salon et je me suis effondrée. Quentin et Luc sont descendus, j'ai rassuré mes enfants comme je pouvais, mais étant moi-même sous le choc, c'était assez difficile. Luc a dormi avec moi ce soir-là et, pendant la nuit, il n'arrêtait pas de bouger dans tous les sens. Quentin est parti se coucher dans sa chambre après m'avoir consolée à son tour, nous nous sommes blottis un long moment dans les bras. Moi je n'ai pas fermé l'œil de la nuit, je n'arrêtais pas de penser à cette soirée, et je suis descendue plusieurs fois dans le salon pour pleurer afin de ne pas réveiller Luc. Je ne sais plus combien, mais j'ai fumé pas mal de cigarettes cette nuit-là. Le lendemain matin, je me suis préparée, car je travaillais, les enfants devaient bientôt arriver, il fallait que je sois présentable. La journée a été très difficile, je n'arrivais pas à être concentrée et tranquille, j'avais peur et je regardais souvent par la fenêtre dès que j'entendais une voiture. J'ai fini par téléphoner à l'hôpital pour avoir des nouvelles, et ai été rassurée d'apprendre que « l'autre » allait rester quelques jours sous surveillance. Mais, malgré ça, je n'arrivais pas à me retenir de pleurer, cette soirée m'avait traumatisée, et je pense que les enfants également. J'ai fini par aller voir un médecin, pour lui expliquer ma situation, et il m'a donné deux semaines d'arrêt de travail, pour mon état de choc, sans médicaments à prendre pour me calmer. J'ai raconté tout ça à ma sœur Corinne, mes amies et mes parents, avec une certaine appréhension concernant ma maman vu sa maladie. Mon beau-père Roland, ça l'a rendu malade, il ne comprenait pas « l'autre », et que moi je subisse tout ça non plus. Corinne et ma maman l'ont qualifié de « fou » et ont dit qu'il devait rester enfermé.

La psychiatre de l'hôpital m'a annoncé par téléphone qu'elle souhaitait un entretien avec moi et « l'autre ». Arrivé le jour de l'entretien, j'étais tout apeurée de voir « l'autre », je tremblais comme une feuille. Durant l'entretien, « l'autre » a voulu me faire passer pour la méchante, comme à chaque fois. Pour « ce fou », c'était à cause de mes coups de fil pendant des heures et en son absence, et que j'étais toujours à lui cacher des choses. Bien sûr, tout ça, c'était dans sa tête. La psychiatre a expliqué à « ce fou » qu'une femme ou toute personne a son petit jardin secret, et que ce n'est pas parce que l'on vit à deux que l'on doit tout se dire, il n'y a pas d'obligation ! Cet entretien a duré environ une heure, ça m'a paru une éternité, je n'avais qu'une seule envie, c'était de partir de là-bas. J'ai eu droit à des regards méchants et agressifs, pas un seul mot pour les enfants, ou une excuse. Je suis partie en laissant des vêtements, et je me suis dirigée vers ma voiture avec un grand soulagement. Au final, « l'autre » est resté trois semaines dans cet hôpital. Malgré ces trois semaines seule, où j'aurais pu être tranquille, sans avoir de reproche, de remarque, de critique ou de violence, c'était trois semaines d'enfer. Je ne dormais pas la nuit, me levais souvent et restais réveillée pendant des heures à me ressasser cette soirée où ils emmenaient « l'autre » à l'hôpital. Je croyais que j'allais devenir folle, je me posais toujours la même question : « Mais pourquoi moi ? » J'avais du mal à manger, l'appétit n'était pas là, mais il fallait que je pense à mes enfants. Luc me demandait de temps en temps ce que son père avait, et je lui répondais qu'il n'allait pas très bien en ce moment et qu'il devait se reposer. C'est très difficile d'expliquer de telles choses à un enfant de 5 ans, mais ma réponse lui suffisait, il n'avait pas cherché plus loin.

Pour Quentin, c'était différent, lui était plus grand et comprenait plus de choses, pour lui « l'autre » était « UN FOU » !

Chapitre 8

Pendant ces deux semaines d'arrêt maladie, une des mamans qui était juge m'a rendu visite. Mais ce n'était pas une visite de courtoisie, mais pour me licencier, parce qu'elle avait peur que je ne reprenne pas mon travail à la fin des deux semaines. Elle était toute désolée, en fait, elle pensait que mes soucis étaient dus au décès de ma maman. Pas du tout, c'était à cause de « l'autre », mais je ne suis pas rentrée dans les détails, j'étais bien assez abattue comme ça pour en parler.

Dans l'après-midi, je suis allée voir Rose, une de mes amies, pour les conseils d'une personne un peu plus âgée que moi, ou tout simplement pour du réconfort, je ne sais pas. Quand je lui ai raconté cette horrible soirée, elle a été sous le choc, et son mari également. Mais, pour elle, il fallait tout simplement que je discute avec « l'autre », son mari, lui, était plutôt d'un avis différent. Pour lui, c'était inacceptable, tout ce que je vivais, et le comportement de « l'autre ». Je suis partie de chez eux avec une grande question dans ma tête : « C'EST DE MA FAUTE ? »

J'ai longuement pensé à tout ça, et ai fini par me dire que non, ce n'était pas un problème de discussion, c'était « l'autre » qui avait un problème. PAS MOI !

Quant à Nadia, elle comprenait bien ce que je vivais, et m'avait proposé de venir chez elle quelque temps pour souffler et me reposer. Mais je ne pouvais pas, je devais retravailler, et avec les enfants que je gardais, ce n'était pas possible. Au bout de trois semaines, « l'autre » devait rentrer, j'avais peur. J'appréhendais son retour. Luc était content de revoir son père et Quentin beaucoup moins, il aurait voulu que l'on quitte la maison, car il n'aimait pas « l'autre », pour lui c'était quelqu'un de méchant et de violent. Faut dire que depuis qu'il est petit, il en a entendu des cris et des pleurs. Treize ans, ça fait long. J'étais toujours entre deux chaises, quitter « l'autre » pour Quentin, ou rester, pour Luc ?

Quand « l'autre » est rentré, il m'a beaucoup parlé des gens qu'il avait rencontrés à l'hôpital en tant que patients, qu'ils étaient gentils, les conneries de chacun, et éventuellement pourquoi ne pas les inviter à la maison. Je n'étais pas enchantée, je vivais déjà avec quelqu'un qui avait des problèmes psychologiques, et j'avais des enfants, donc non !

Au final, ces gens si formidables ont tous été critiqués et insultés. À part ça, il était plutôt calme, bien sûr, sous l'effet des médicaments, mais il me parlait toujours de cette soirée avant qu'il parte à l'hôpital. Pour « l'autre », c'était de ma faute, j'avais beau dire et expliquer que c'était pour ne pas avoir plus de crises vu son état, mais rien n'y faisait. « Ce fou » a commencé à prendre moins de médicaments, sans en parler à son médecin, et les crises sont revenues de plus belle. En plus en arrêt de travail, donc toute la journée à la maison, quelle horreur !

Et j'en prenais pour mon grade, les enfants que je gardais le dérangeaient, et voilà, c'était reparti pour les critiques, les rabaissements et harcèlements. Dans la maison, je gardais toujours mon téléphone dans la poche de mon pantalon, de peur que « l'autre » ne le prenne et consulte tous mes SMS et coups de fil. Bien sûr, je n'avais rien à cacher, mais j'en avais marre de cette vie, d'être fliquée tout le temps.

Je prenais mes précautions, au cas où les crises deviendraient plus violentes, si je devais fuir de la maison et appeler les gendarmes, j'avais besoin de mon téléphone. Je laissais les clefs de la maison sur la porte, si je devais m'enfuir, mes clefs de voiture étaient dans la poche de ma veste, accrochée au dos de ma chaise. Je laissais toujours la porte-fenêtre de la cuisine grande ouverte, si jamais « l'autre » devenait violent ou trop agressif, je pouvais sortir par cette porte qui donnait dans le jardin, et je pouvais crier pour que quelqu'un m'entende. J'ai vraiment vécu un enfer, dans la peur, cette année-là. Quand mes enfants étaient là, j'essayais de faire en sorte qu'il n'y ait pas de coup de crise, mais ça ne dépendait pas de moi. Si mes enfants faisaient trop de bruit, ou râlaient, j'intervenais, tout de suite, en parlant tout doucement, pour ne pas que « l'autre » entende et râle avec eux. Quand « l'autre » disait à l'un d'eux de faire quelque chose qu'il n'aimait pas faire, comme ramasser les feuilles dans le jardin, ou balayer la terrasse, je m'arrangeais pour le faire avec eux. Ou bien, je leur adressais un regard plein de tendresse, et discrètement je leur faisais « Chut » avec mon doigt sur la bouche, car je savais qu'ils allaient râler. Nous étions tous les trois dans le même sac à cette période, nous ne pouvions absolument pas faire de bruit, juste être à ses ordres. J'en pouvais plus, je ne me reposais jamais, toujours en action, j'étais fatiguée. Mes journées étaient routinières. Chaque matin, l'aspirateur dans toute la maison, lavage des sols du bas en haut, je n'arrêtais pas de briquer, tout ça pour ne pas contrarier « l'autre ». Mais je travaillais aussi, je devais m'occuper des enfants que je gardais. J'étais à bout, fatiguée, épuisée physiquement, mais moralement également. Heureusement, les vacances approchaient, pendant trois semaines je n'allais pas travailler. Je peux vous dire que je n'étais pas tant que ça ravie d'être en vacances. Car avec les enfants, au moins, je pouvais sortir un peu de la maison pour prendre l'air en allant au parc ou juste en promenade. Mais là, je ne sortais pas beaucoup, Quentin sortait avec ses copains et Luc jouait beaucoup dans sa chambre ou regardait la télé. De temps en temps, je l'emmenais au parc, ou faire les courses, cela me permettait de respirer un peu.

« L'autre » était vraiment invivable, toujours allongé sur sa chaise longue à se faire bronzer. Et quand une lubie venait, j'en prenais plein la figure.

Toujours à me faire culpabiliser de tout. Beaucoup de reproches, sur le fait que mes copines ne venaient pas à la maison, que c'était bizarre, que je ne lui présentais pas Nadia et Philippe. L'argent toujours et encore l'argent, combien je dépensais pour les courses, combien j'avais sur le compte, combien j'avais mis de côté… ? Et encore avec son rachat de crédit pour la maison. Mais vous croyez que j'avais encore envie de faire des choses qui m'engageaient avec « ce fou » ? Pas le moins du monde ! J'avais plutôt envie de me casser de cet endroit, loin, très loin. Ces trois semaines de vacances étaient interminables, j'avais hâte de reprendre mon travail, pour m'occuper différemment l'esprit et voir un peu de monde, en allant à l'école.

Chapitre 9

ZOMBIE, j'étais comme une zombie quand j'allais à l'école, je ne parlais pas et ne souriais plus. Je marchais la tête baissée et le pas pressé pour ne pas traîner. Car « l'autre » était encore à la maison, toujours en arrêt et à surveiller le temps que je mettais. Dès que je sortais de la maison, j'avais toujours mes clefs de voiture que j'ai fini par accrocher avec le trousseau de clefs de maison, comme ça, j'avais tout en un. Mes copines étaient tristes pour moi, mais je crois qu'un moment elles en avaient un peu marre que l'on ne parle que de ma vie désastreuse. On ne se voyait plus qu'à l'école, je ne sortais plus, « l'autre » m'a vraiment coupée de tout le monde. Déjà que je n'allais plus beaucoup chez ma maman en ce moment, c'était comme si l'on m'avait interdit, sans vraiment me le dire, juste en me le faisant comprendre !

Comprendre ! en me disant que le ménage n'était pas fait, que je ne foutais rien, que la maison était crade, encore et encore le même harcèlement. Durant tout le mois de septembre, mes journées étaient identiques, entre ménage, soumission, humiliation et fatigue. J'étais épuisée de cette vie, qui n'en était pas vraiment une. Je ne me reconnaissais plus, j'étais devenue quelqu'un d'autre. Une femme sans caractère, sans joie de vivre, une soumise d'un « fou » manipulateur et pervers. Il fallait que je fasse quelque chose, pour mes enfants et moi, on ne pouvait plus vivre comme ça. « L'autre » avait repris le travail, enfin, mais avant chaque départ, j'avais droit à une petite remarque désagréable et un claquement de porte. Une fois qu'il était parti, je fondais en larmes. J'avais un peu de temps devant moi pour réfléchir et repenser à cette relation, qui ne s'arrangeait pas et qui ne s'arrangerait sans doute jamais.

Je repensais à tous ces moments horribles que j'avais pu vivre avec « l'autre ». Toutes ces vacances à deux, où « l'autre » ne pensait qu'à des jeux pervers, ou bien toutes ces prises de tête, où j'avais droit aux reproches. À la fois où « l'autre » m'a foutue dehors de la chambre d'hôtel en Espagne avec ma valise, il fallait que je me débrouille pour dormir et rentrer en France. Je me suis retrouvée seule dans le parc de l'hôtel en pleine nuit, sans savoir quoi faire, et sans comprendre pourquoi !

À la fois où « l'autre » m'avait tirée par les cheveux en pleine nuit un soir de Nouvel An. À la fois où « l'autre » était assis sur le fauteuil, et moi je devais le sucer, après m'avoir insultée et traitée comme une merde. À la fois où, en Thaïlande, « l'autre » s'était permis de draguer une femme en ma présence, à me narguer avec un petit sourire machiavélique. À la fois où nous sommes rentrés d'un séjour de chez ma sœur, sur une aire d'autoroute, « l'autre » m'a craché au visage, parce que je l'avais laissé tout seul avec mon beau-frère qu'il ne connaissait pas, et que moi je passais mon temps avec ma sœur Corinne. Les enfants étaient choqués de cette attitude. À la fois où nous allions en Bretagne chez sa sœur, et que « l'autre » conduisait après avoir pris des cachets, et que nous avons failli avoir un accident. À la fois où, lors d'une soirée des années 80, sur la piste de danse, « l'autre » m'a descendu mon chemisier et mon soutien-gorge pour me toucher mon sein nu.

Quelle humiliation !

Bref, j'en passe, mais bon, j'ai beaucoup pensé à toutes ces horreurs que mes enfants et moi vivions avec « ce fou ». Il fallait que je nous protège. J'ai donc pris la décision, un vendredi soir après mon travail, d'emmener mes enfants nous réfugier chez mon amie Nadia. J'avais très rapidement préparé nos sacs, et je me suis dépêchée de peur que « ce fou » rentre plus tôt du travail.

En partant de la maison, j'avais laissé un petit mot :

« Je pars quelques jours, car je n'en peux plus, il faut que notre relation s'arrête, je ne veux plus continuer comme ça.

Alexandra »

Chapitre 10

Arrivée chez mon amie, j'avais garé ma voiture dans la cour pour ne pas que « l'autre » vienne et sache où nous étions. Le soir venu, « l'autre » m'a téléphoné pour me demander où j'étais, je lui ai répondu quelque part, et qu'il ne devait plus me téléphoner, mais me laisser tranquille et que je souhaitais le quitter. Je me souviens être restée une bonne heure au téléphone, à répondre non pour que je revienne, et non que je ne changerais pas d'avis. « Ce fou » a fait comme s'il ne comprenait pas mon attitude, ma décision. J'ai fini par lui raccrocher au nez et couper mon téléphone.

Nadia et moi passions beaucoup de soirées dehors dans sa cour à discuter de tout ça. Je pleurais beaucoup, car je ne comprenais rien à rien aux attitudes de « l'autre » et ni pourquoi cela m'arrivait. Au moindre bruit de voiture, nous sursautions toutes les deux et arrêtions de parler, de peur que ce soit « l'autre ».

Nous sommes restés un mois chez mon amie. Luc et moi dormions dans la même chambre qu'Alexis, un des enfants de Nadia et Philippe. Quentin dormait dans le bâtiment où Philippe avait son bureau. À l'étage, il avait une grande pièce rien que pour lui, comme un petit studio. Cela lui permettait d'avoir un peu d'intimité. Les parents étaient tous très sympas, ils m'avaient laissé leurs enfants en garde et acceptaient que je travaille chez mon amie. Ils étaient tous très compréhensifs et me soutenaient.

J'étais très heureuse de ne plus être avec « l'autre », mais cela n'a pas toujours été facile. Certaines nuits, je n'arrivais pas à dormir, alors je me levais et descendais dans la cour pour fumer quelques cigarettes, et je restais dehors toute seule pendant des heures à penser à mes enfants et à ma vie. Mes enfants n'avaient pas leur propre chambre, et des fois Luc se disputait avec Alexis, parce qu'ils n'étaient pas toujours d'accord, et moi mon indépendance me manquait. Quentin, lui, restait toute la journée, après les cours, dans sa pièce et ne sortait que pour manger. Je rassurais mes enfants en disant que c'était temporaire, et que je cherchais en même temps un appartement, un nouveau chez nous. Puis, un jour, « l'autre » m'a invitée à la maison, pour que l'on parle, pour savoir comment on allait faire pour Luc, la maison, les meubles, etc. Et comme une imbécile, j'ai accepté, mais j'ai prévenu Nadia que si d'ici une heure je n'étais pas de retour, elle devait prévenir les gendarmes. À mon arrivée, « l'autre » avait préparé un repas avec un cocktail en apéritif, mais lui avait déjà bien bu avant. Son petit jeu de charme était en route, à me tourner autour, avec un petit sourire satisfait et à la fois nerveux. De temps en temps, « l'autre » essayait de me faire un petit bisou que je refusais, naturellement. Je n'étais pas venue dans l'idée d'une soirée romantique. Tout cela commençait à m'agacer, nous n'avions parlé de rien de ce qui était prévu, car « l'autre » changeait tout le temps de sujet. Tout cela était assez pesant, je n'étais pas venue, non plus, dans le but d'accepter ses avances.

Alors son ton commençait à devenir changeant, agressif, la peur au ventre montait en moi, je me suis levée et je suis sortie à toute allure de la maison, ma veste sur le dos et mes clefs dans ma poche.

Mais « ce fou » m'a suivie, je n'ai donc pas pris ma voiture de peur qu'il reprenne encore une fois mes clefs. J'ai donc commencé à marcher très vite, mais cela ne l'a pas empêché de continuer à me suivre, tout en parlant, alors que je lui avais dit de me laisser tranquille. J'avais tellement peur que j'ai arrêté une voiture, mais l'homme à l'intérieur est aussitôt reparti en voyant « l'autre ». La deuxième voiture a été la bonne, car par chance c'était les gendarmes. J'ai fondu en larmes de soulagement et de peur. Lorsque l'un des gendarmes m'a demandé ce qui se passait, je lui ai répondu que je voulais rentrer chez mon amie mais que « l'autre » me poursuivait et ne me laissait pas tranquille, en plus nous étions séparés. Et « l'autre » a, d'une simplicité, dit que tout allait bien, qu'il voulait discuter et que c'était moi qui criais. QUELLE ORDURE !

Mais le gendarme a bien vu que j'étais terrorisée, et a dit à « l'autre » de rentrer chez lui et m'a ramenée chez Nadia. Dans la voiture, je n'arrêtais pas de pleurer, j'en avais marre, il fallait que ça cesse, j'étais fatiguée de tout ça. J'ai tout raconté, ma séparation, les violences que j'avais subies, les harcèlements et cette soirée. Il m'a donné sa carte au cas où j'en aurais besoin. Soulagée d'être arrivée chez Nadia, qui était inquiète de me voir arriver avec les gendarmes, j'ai continué à chercher activement un appartement, pas trop loin, pour que je puisse continuer à m'occuper des enfants, et que mes enfants ne soient pas obligés de changer d'école. Pour Luc, ça aurait été un chamboulement de plus et ça, je ne voulais pas, il était encore trop petit.

Par chance, j'en ai trouvé un, juste le village à côté, pas trop cher et suffisamment grand pour nous trois. Le propriétaire était très sympa, je n'avais pas de cautionnaire, juste ma parole que les loyers seraient toujours payés et il m'a fait confiance. Mes enfants avaient chacun leur propre chambre et je pouvais garder tous les enfants dont j'avais la garde.

Le 1er novembre 2013, j'avais les clefs de notre nouveau chez nous, et nous pouvions emménager. Ce jour-là, je suis allée chercher mes affaires dans la maison, avec quelques amis et copains de Quentin, et « l'autre » avait enlevé toutes les échelles pour que je ne puisse pas accéder au grenier. Mais comme je m'entendais bien avec tous mes voisins, ce n'était pas trop difficile de m'en procurer une. Je me souviens, j'étais tellement nerveuse et j'avais tellement peur que « l'autre » rentre à l'improviste, que j'ai speedé tout le monde. Par chance, cela n'est pas arrivé, et le déménagement s'est bien passé. Le soir venu, où tout le monde était parti, j'ai dit à mes enfants : « ICI, C'EST CHEZ NOUS, et on sera bien ! »

Nous avons mangé tous les trois notre premier repas chez nous, puis nous sommes allés nous coucher, mon téléphone éteint pour ne pas être harcelée de coups de fil. Et j'ai passé une excellente nuit.

Chapitre 11

Dès le lendemain matin, lorsque j'ai rallumé mon téléphone, j'ai pu voir que j'avais des tonnes de messages vocaux et de SMS. Mais j'ai préféré ne pas les lire ni les écouter, j'ai pris tout simplement mon petit-déjeuner avec mes enfants. Et une fois ma douche prise, j'ai pris le temps de les écouter, de les lire. Ses premiers messages étaient agressifs, me disaient que j'étais une saloperie, dégueulasse d'avoir cherché mes affaires comme une voleuse et d'avoir laissé la maison toute crade. Puis c'était des messages en pleurs, que je devais revenir, ne pas le laisser tout seul, que l'on pouvait discuter tranquillement. Mais, en 13 ans de vie commune, on n'a jamais pu discuter tranquillement, mes sentiments ne comptaient pas. Le dernier SMS me demandait que l'on se retrouve pour discuter, et pour qu'il voie Luc. J'ai répondu OK, mais là où moi je voulais. J'y suis allée sereinement avec Luc, en ayant bien pris soin de ne pas montrer l'endroit où j'habitais. Nous avons discuté de la garde de Luc, et sommes tombés d'accord pour une garde alternée d'une semaine. Puis « l'autre » a commencé à vouloir me prendre dans ses bras, m'embrasser, a pleuré, mais je n'ai cédé à aucune de ses avances, pour moi c'était FINI !

Au bout d'une interminable heure, je suis partie avec Luc, et « l'autre » est resté là en nous regardant partir avec son air malheureux !

Arrivée chez moi, j'étais soulagée que tout se soit bien passé, et heureuse d'être dans ma maison et libre. Mais à peine quelques minutes plus tard, j'ai reçu un SMS qui disait : « Je sais où tu habites. » Peu importe, de toute façon, il ne pouvait plus rien m'arriver, j'étais en sécurité chez moi.

Les jours passaient, tranquillement, Luc allait chez son père sans qu'il n'y ait d'histoire, tout se passait bien. J'aménageais l'appartement comme j'en avais envie, sans que l'on me dise de faire comme ci ou comme ça, c'était chez moi ! Mes enfants avaient arrangé leur chambre, et je voyais une certaine joie dans leurs yeux, qui me tenait à cœur et me rassurait. Je recommençais une nouvelle vie.

« L'autre » ne m'embêtait pas trop, mais j'étais très inquiète pour la santé de ma maman, car sa maladie ne faisait qu'empirer, et à partir du mois de décembre, elle a été transférée d'hôpital en hôpital. J'allais très souvent la voir, parfois sans mes enfants, car ils ne pouvaient et n'avaient pas toujours le droit d'être là, vu son état de santé. C'était préférable pour eux, pour qu'ils puissent garder une belle image de leur mamie. Rapidement, le coup de fil tant redouté est arrivé. C'était le 30 décembre 2013, c'est mon frère aîné Pascal qui m'a annoncé le décès de ma maman. Soit un jour avant l'anniversaire de mon fils Quentin. C'est un grand déchirement de perdre sa maman, c'est une partie de soi que l'on perd et l'on se sent seul, comme perdu, abandonné. J'étais anéantie. Jamais plus je ne pourrai lui téléphoner, la voir, l'embrasser ou être dans ses bras. Je pourrai juste lui parler sans avoir de réponse et ni entendre sa voix.

Je garderai toujours en mémoire son dernier bisou, quand elle était à l'hôpital et qu'elle m'a dit « Je t'aime ». Il m'arrive parfois de me toucher sur le coin de mes lèvres, où elle m'a fait un bisou, et de la sentir, ça me réchauffe le cœur.

Dans cette période de deuil et de douleur, je ne pensais pas voir arriver « l'autre », surtout pas le jour de l'enterrement de ma maman. Et pourtant si, et ce n'était pas pour me présenter ses condoléances, ni pour savoir comment j'allais, c'était surtout et uniquement pour me parler de lui et de son état. Malheureux et désemparé, voilà ce que j'ai pu entendre de sa part, rien sur ma maman, ou sur moi, si je tenais le coup. Non, que pour sa pomme, comme d'habitude, égoïste et égocentrique. J'avais beau lui dire que ce n'était pas le moment, pas un jour pareil, que j'étais en deuil, non, « l'autre » ne comprenait pas ça, de toute façon, il n'avait jamais rien compris. N'en pouvant plus, et vu qu'il était ivre, avec beaucoup de mal et de volonté, j'ai réussi à le foutre à la porte de chez moi. Et d'en bas, je l'ai entendu dire que je le jetais comme un chien.

Et lui ? Comment m'a-t-il traitée pendant 13 ans ? Comme une merde !

Je n'aurais jamais dû le laisser monter chez moi, j'étais encore gentille, et encore emmerdée. Une fois qu'il est parti dans sa voiture, je me suis pris la tête entre les mains et j'ai fondu en larmes. Mais quand arrêtera-t-il de venir m'importuner ? Quand tout cela va-t-il cesser ? Une fois que je me suis calmée, je suis partie me coucher, mais j'avais beaucoup de mal à trouver le sommeil, entre les pensées pour ma maman et ce qu'il venait de se passer avec « l'autre », c'était assez difficile. Les jours suivants, les enfants et moi, enfin surtout Luc et moi, passions beaucoup de temps avec Roland, mon beau-père. Il était tout seul avec Jonathan depuis le décès de ma maman et pour lui c'était aussi très difficile. Nous mangions souvent le week-end ensemble et nous allions au cimetière y déposer des fleurs et nettoyer la tombe. Les journées et les week-ends, je les passais relativement zen, mais le soir, quand mes enfants étaient couchés, j'ai souvent eu le cafard. Je n'arrêtais pas de penser à ma maman, à ma vie d'avant, la maison, ma petite famille et les quelques bons moments que nous avions passés ensemble. Les moments où je subissais des violences, des soumissions, des rabaissements, des insultes, des critiques. J'étais assez larguée. Je me sentais seule, je venais de perdre ma maman, ma maison, et malgré l'énergumène avec qui j'avais vécu, je perdais aussi une famille. C'est un sentiment très étrange, car je souhaitais être loin de « l'autre », mais c'est une famille qui me manquait et dont j'avais besoin. Et d'avoir quitté « l'autre » me donnait ce sentiment de n'avoir plus de famille, ou alors était-ce le fait d'avoir perdu ma maman qui me donnait le sentiment d'abandon et d'instabilité. C'est très difficile de faire la part des choses quand on a perdu un repère important dans sa vie. On ne sait plus trop quoi penser, vouloir ou faire. Et je pense aussi que « l'autre » a bien dû profiter de la situation pour revenir à la charge et m'importuner. Je le voyais arriver de ma fenêtre, se garer sur le trottoir et regarder vers mon appartement. Il sonnait, me demandait s'il pouvait monter boire un café et discuter. M'envoyait des SMS. Les premiers temps, j'ai refusé, puis, petit à petit, je répondais à ses messages, puis lui offrais un café. Mais il en voulait toujours plus, un bisou, un resto, un repas chez moi avec les enfants.

Il fallait que ça s'arrête, je ne l'avais pas quitté pour finalement me retrouver 2 à 3 fois par semaine face à lui, surtout qu'il ne venait pas pour voir son fils Luc, car c'était en général le matin quand Luc était à l'école. Donc j'ai mis un terme, du moins j'ai essayé d'y mettre un terme, mais ça ne l'a pas empêché de continuer. Ce qui est totalement fou, et je m'en veux encore aujourd'hui, c'est qu'il a encore réussi à m'avoir. Je me suis encore laissé aveugler et manipuler, malgré tout ce que j'avais subi. Et, petit à petit, nous étions de nouveau en relation, mais chacun chez soi. On se voyait très régulièrement, il venait dormir chez moi, et moi chez lui avec Luc, mais Quentin n'est jamais venu, il ne voulait pas revenir dans cette maison et revoir « l'autre ». Cela a duré 2 ou 3 mois, puis en juillet 2014, je suis repartie avec mes enfants dans la maison avec « l'autre », même si tout le monde n'était pas ravi.

Chapitre 12

De retour dans cette maison, l'atmosphère était assez étrange, c'était comme si nous étions tous des étrangers. Heureusement que c'était l'été et qu'il faisait beau, je crois que le temps y a fait beaucoup. Bien entendu, « l'autre » n'avait pas beaucoup changé, on n'appelle pas un chat un chien !

« L'autre » me pressait pour que je déballe très vite mes cartons et que je remette tout en place. Le soir quand les enfants étaient dans leur chambre, j'avais droit aux interrogatoires : « Pourquoi t'es revenue ? Pourquoi t'es partie ? Pourquoi tu m'as laissé me détruire ? Pourquoi ? Pourquoi ? Pourquoi ? » Regret ! Voilà ce à quoi je pensais, quand « l'autre » me posait toutes ces questions. Je regrettais d'être revenue, j'aurais dû rester où j'étais. Une grande partie de moi le savait, mais j'ai choisi l'autre partie, qui me disait de retourner dans la maison et de laisser une dernière chance à « l'autre ». Je ne sais pas pourquoi il faut toujours laisser une dernière chance, je pense que cela ne sert à rien, c'est juste retarder ce qui doit être fait.

Et dans le fond, rien ne s'arrange vraiment. Ces fameux soirs où j'avais droit aux interrogatoires, je suis resté très calme malgré tout, je crois que j'avais pris un peu d'assurance, et cela me rendait assez fière de moi. Je répondais ce que je pensais ou ressentais, et non pas ce à quoi « l'autre » voulait que je réponde. Et ses interrogatoires ne duraient plus aussi longtemps et n'étaient plus aussi insupportables, car dès que j'en avais assez je lui disais, par miracle « l'autre » n'insistait pas. Par la suite, nos soirées ont été beaucoup plus calmes et normales. Le fait de retourner dans cette maison, en ayant pris un peu d'assurance, et la responsabilité de garder d'autres enfants avec des parents totalement inconnus, a été pour moi comme un nouveau départ. J'avais de bonnes relations avec les parents, les enfants étaient sympas, et un petit plus en prime, j'avais une petite fille de 3 mois à garder. Je me suis très vite attachée à cette enfant qui était mignonne comme tout, je lui donnais beaucoup d'affection et elle me le rendait bien. Quelques mois étaient passés dans une tranquillité plus ou moins stable. Mais, en mai 2015, les crises de « l'autre » ont recommencé, sans jamais avec le moindre signe de départ, c'était comme ça, sans crier gare. Toujours les mêmes reproches, l'argent, les rapports, le ménage et en plus le fait que je sois revenue soi-disant juste pour la maison. Marre ! J'en avais marre !

Deux ans après avoir passé un séjour dans un hôpital psychiatrique et après des rendez-vous chez un psychiatre, rien n'allait. Mais si « l'autre » ne supportait rien ni personne, fallait rester tout seuls, mais ça, c'était impossible, la solitude ça tue certaines personnes, et en plus on ne peut s'énerver sur personne.

Un dimanche au mois de juillet, nous étions invités tous les quatre chez un de nos voisins pour le midi, et « l'autre » n'avait rien trouvé de mieux que de se bourrer la gueule la veille au soir. Bien entendu, le matin, encore ivre de la veille et après une prise de calmants, son état était pitoyable et malgré ça les verres de punch sont vite descendus.

Moi j'avais honte, d'autant plus que « l'autre » n'arrêtait pas de discuter de rachat de crédit tout en me regardant avec mépris et méchanceté. Patrick, notre hôte, était d'accord avec lui, mais bien sûr il ne connaissait pas la situation de notre couple. Pendant le repas, « l'autre » me cherchait sans arrêt, je me suis défendue verbalement et là j'ai reçu une tasse de café en pleine figure et, en me levant, je me suis ramassé une gifle si violente qu'une de mes molaires s'est cassée. Patrick a pris ma défense, en disant que nous étions chez lui et que l'on ne frappait pas une femme.

Mais « l'autre » s'est levé, a enlevé son t-shirt et provoqué Patrick de ses poings. Sa femme et Quentin sont intervenus, et « l'autre » s'est éclipsé avec mes clefs de la maison. Un fou ! Voilà ce à quoi ressemblait « l'autre », à un fou ! J'ai aussitôt téléphoné à la gendarmerie, et avec eux je suis allée à la maison, et, à ma grande surprise, « l'autre » avait rayé tout le côté droit et le devant de ma voiture avec mes clefs. Un malade ! Un fou ! Voilà comment je qualifie « cette personne ».

Patrick et moi devions aller à la gendarmerie déposer plainte, mais Patrick a refusé, il ne voulait plus entendre parler de « l'autre ». Quant à moi, je suis partie chez mon beau-père Roland. Cette nuit-là, je n'arrivais pas à dormir tant j'avais mal à ma dent, et je me suis repassé des tas de fois l'épisode de la journée. Je me serrais tout contre mon fils Luc, pour chercher du réconfort et de la chaleur, qui m'a permis de me détendre, et j'ai fini par m'endormir.

Roland n'était pas un homme à la parole, la seule chose qu'il me disait, c'était que « l'autre » était fou et que je devais faire ce que je voulais. Le lendemain matin, je suis partie à la gendarmerie pour porter plainte, et « l'autre » n'arrêtait pas de me harceler de coups de téléphone. Quand j'ai fini par décrocher, il m'a demandé de rentrer, et m'a dit qu'il n'aurait pas dû réagir de la sorte et qu'il irait s'excuser auprès de Patrick si moi je retirais ma plainte.

Quand nous sommes rentrés les enfants et moi, « l'autre » était tout petit et nerveux, il m'avait préparé un café, comme si un café excusait tout, et aux enfants, il leur a dit qu'il ne savait pas pourquoi il avait réagi comme ça, mais sans excuse. Dans la semaine, je suis allée retirer ma plainte, mais « l'autre » n'était toujours pas allé faire des excuses à Patrick et à l'heure d'aujourd'hui non plus. Je ne comprends pas ce genre de personnes, manipulateurs, mythomanes qui font du mal aux autres et disent que tout est à cause des autres. Ces gens-là détruisent, parce qu'ils sont machiavéliques. Malgré tout ça, nous étions encore ensemble, et si je pouvais revenir en arrière, je refuserais son verre du premier rendez-vous et je partirais en courant. Je sentais que la fin était proche, je n'avais plus envie de faire quoi que ce soit et surtout plus d'effort. Je pensais souvent à rencontrer quelqu'un. J'avais besoin de savoir si je plaisais encore et si je pouvais rencontrer un autre homme.

Besoin d'être aimée de tendresse et de gentillesse, et surtout de respect.

Je me vois encore répondre aux sourires que certains hommes me faisaient, même qu'un jour peu avant Noël 2015, j'ai fait quelque chose d'inhabituel et même d'impensable pour moi. En allant faire mes courses dans mon supermarché habituel, j'ai croisé un homme avec beaucoup de charme, et là je ne sais pas ce qu'il m'a pris, mais je lui ai glissé sous ses essuie-glaces mon numéro de téléphone et mon prénom. Lorsque je suis rentrée chez moi, mon téléphone sonnait, et c'était cet homme, nous avons bavardé un bon moment ensemble, et j'étais contente et heureuse. J'étais assez fière de moi, je venais de faire quelque de totalement dingue pour moi, car je suis fidèle en amour et en amitié, mais pour une fois j'ai dérogé à mes règles. Pendant une dizaine de jours, nous avons échangé des SMS et des coups de téléphone assez charmeurs. Et le 24 décembre dans l'après-midi, nous nous sommes vus dans un hôtel pour boire un verre, puis nous avons pris une chambre. Cela a été pour moi une première expérience d'infidélité, mais j'avoue que je ne regrette absolument pas. Car dans ma vie ça mettait un peu de piment et ça me rendait bien heureuse, et surtout j'ai compris que je plaisais toujours et que faire l'amour tendrement ça existe. Je me sentais désirée comme une femme et pas comme un objet. Cette expérience a été bénéfique, cela m'a donné du courage, car si j'étais capable de tromper « l'autre », j'étais aussi capable de le quitter et de lui dire en face, sans avoir le besoin de partir en son absence. Je me suis vue comme quelqu'un de plus fort, comme la personne que je suis réellement et qui est resté enfermée pendant des années dans une coquille.

Avec cet homme, Paul, il n'y a eu qu'une seule fois, après nous avons continué à nous contacter par SMS uniquement, mais beaucoup moins, puis nous en sommes restés là. Et ma vie bien routinière a continué, et mon désir de quitter « l'autre » a augmenté. Je n'ai plus jamais croisé Paul, mais pendant quelques semaines je pensais à lui, à cette après-midi dans cet hôtel, aux SMS échangés, mais sans nostalgie, et c'était mieux ainsi, car tous les deux, nous vivions avec quelqu'un.

Chapitre 13

L'année 2016 a été une année pleine de questions et de remises en question. J'avais de plus en plus de mal à vivre comme ça. Je ne supportais plus, mais alors plus du tout, « l'autre », ses crises, ses changements d'humeurs. Toujours à critiquer et à râler sur tout le monde. Quand nous étions partis en vacances, juste avec Luc, car Quentin était resté avec sa petite amie, j'ai souvent eu très honte. À peine arrivés au camping, que déjà « l'autre » râlait sur la propriétaire du mobile home, car ce n'était pas celui de la photo, mais peu importe, juste parce qu'il n'avait pas les mêmes chaises et fleurs… L'essentiel c'est que l'intérieur était pareil et propre. Une journée, j'étais malade, je n'arrêtais pas de vomir et j'avais mal à la tête.

« L'autre » n'a rien trouvé de mieux que de me faire la gueule, parce que toute la journée il s'était ennuyé, comme si j'y pouvais quelque chose, je n'avais pas choisi d'être malade. Trois jours avant notre départ, une jeune femme et son petit garçon sont arrivés dans le mobile home juste à côté du nôtre. Jusque-là, tout allait bien, elle était gentille, nous avons échangé quelques fois toutes les deux, et son petit garçon était adorable. Mais « l'autre », se croyant tout permis, un jour de crise, a invité cette jeune femme à venir manger sans me demander mon avis. Alors là, si moi j'avais osé faire ça, je ne vous raconte pas la crise que j'aurais eue. Et pendant la soirée, « l'autre » ne parlait qu'avec elle, restait assis, et moi je faisais le service. Je n'avais qu'une seule envie, c'était de partir d'ici. Mais ces vacances m'ont bien fait réfléchir, et mon envie de quitter « l'autre » grandissait. À notre retour, j'en ai discuté avec Quentin, et il m'a dit qu'il était temps ! Que depuis longtemps j'aurais dû faire ça. Je me sentais vraiment mal dans ma peau, mes sentiments étaient de plus en plus convaincants, je savais que je ne pourrais plus résister longtemps. Il fallait un déclencheur !

Mi-novembre, mon beau-père Roland a été emmené aux urgences, je n'ai pu aller le voir que deux fois, il nous a quittés très vite, semble-t-il d'un empoisonnement, c'est tout ce que je sais, car ses frères et sa sœur nous ont privés de tout, on nous a exclus de tout, car pour eux, mes frères et sœurs n'étaient rien. Trente ans j'ai aimé Roland, pour moi c'était mon père, je l'ai connu quand j'avais 14 ans, j'allais partout avec lui, quand il faisait les magasins de bricolage. Dès qu'il travaillait dans la maison, je restais à ses côtés pour apprendre et l'aider. J'aimais être avec lui et discuter, même si c'était quelqu'un de peu bavard. Quand j'ai appris son décès, j'étais anéantie, tout s'est passé tellement vite, trop vite, je n'ai même pas eu le temps de lui dire au revoir. Ma maman est partie le 30 décembre 2013 et mon papa le 4 décembre 2016.

Courant janvier 2017, j'ai revu mon ami qui m'avait beaucoup aidée pendant les crises de « l'autre » en 2013. Et un soir, nous sommes sortis ensemble boire un verre pour l'occasion de mon anniversaire, « l'autre » étant à Paris pour son boulot de syndicaliste.

Dans ma tête, j'étais déjà séparée de « l'autre » et je crois que je commençais déjà à vouloir vivre comme une célibataire.

Mais manque de chance, ce soir-là, « l'autre » m'a téléphoné, bien que je lui eusse envoyé un SMS avant de sortir, disant que j'allais me coucher. Je n'ai pas voulu décrocher le téléphone, mais mon ami m'a conseillé de le faire. J'ai donc décroché, et « l'autre » m'a incendiée de questions, pire qu'un interrogatoire. Bien sûr que je mentais quand j'ai répondu que finalement j'étais chez mon amie Nadia, c'était impossible de lui dire la vérité, qu'est-ce que j'aurais pris à son retour ! Donc j'ai préféré mentir. Je n'avais pas le droit d'avoir un ami !? Lui avait le droit d'avoir une amie, moi NON ! Le lendemain matin, le 3 février 2017, de son retour précipité, en le voyant renter avec cette tête de démon, j'ai pris peur et cette vision, et mon mal-être, je ne pouvais plus le supporter. Finalement, le soir, avec une certaine assurance, qui m'a bien étonnée à ce moment-là, j'ai annoncé que je désirais que l'on se sépare, car je ne pouvais plus vivre comme ça. Assis en face de moi, « l'autre » était calme et d'accord avec moi, en me disant que, de toute façon, il n'avait plus de sentiments pour moi. Quel soulagement !

Mais de très courte durée, car en allant dans la cuisine juste derrière moi, pour chercher je ne sais quoi, il est revenu avec une fourchette, puis tranquillement s'est assis. Mais j'ai pris peur, son regard avait changé, je me suis levée d'un bond de ma chaise pour m'enfuir, mais il s'est levé, voulant m'arracher les clefs de ma voiture des mains. Tout s'est passé très vite et avec beaucoup de violence, je me suis retrouvée plaquée au sol, lui sur moi voulant me planter la fourchette dans la main. J'ai crié de toutes mes forces et, à ce moment-là, Luc, mon fils de 9 ans, était au-dessus de nos têtes à crier et pleurer, et c'est lui qui a empêché son père de me planter. Dans cette action, j'ai lâché prise mes clefs et je me suis débattue pour me relever. J'ai aussitôt pris Luc dans mes bras, qui était tout apeuré. Je voulais partir de cet endroit, mais à chaque fois que nous essayions de nous diriger vers la porte, la route nous était barrée. Luc avait très peur et moi également, je ne savais plus quoi faire, la seule sortie possible était le garage. Je me suis donc dirigée rapidement vers la porte, je tenais Luc par la main, mais « l'autre » avait attrapé l'autre main de Luc, en disant : « Lui il reste ici ! » C'était hors de question, je ne pouvais pas laisser mon fils après ce qu'il venait de se passer. Je me suis alors retournée et j'ai poussé « l'autre » pour qu'il lâche Luc. Nous sommes sortis dans le jardin, j'ai refermé la porte à clef derrière moi, et j'ai crié à l'aide. Mais, dans les beaux quartiers, personne ne vient à votre secours. « L'autre » est sorti par la porte-fenêtre de la cuisine, nous sommes de nouveau rentrés par le garage et j'ai réussi à fermer les deux portes. Puis Luc et moi sommes sortis de la maison et j'ai téléphoné à la gendarmerie. En attendant leur arrivée, j'ai redemandé à « l'autre » mes clefs de voiture, mais sans succès, au contraire il me narguait, soi-disant il avait jeté les clefs dans le jardin et je devais les chercher, après c'était il ne savait plus où il les avait mises. Bref, il se foutait royalement de ma gueule. Je faisais les cent pas dans la rue avec Luc en attendant la gendarmerie, et à leur arrivée, ils ont bien reconnu « l'autre », surtout les rayures sur ma voiture qu'il avait faites lors d'une de ses crises.

Mais je devais laisser tomber pour mes clefs, car « l'autre » avait le droit de les garder, vu que nous vivions ensemble. Quelle blague !

Ils m'ont demandé si je savais où aller pour la nuit, et je devais venir à la gendarmerie le lendemain pour porter plainte. Je suis partie avec Luc dormir chez mon amie Annie, qui habitait à deux minutes de la maison, et le lendemain matin je suis allée porter plainte pour violences.

Chapitre 14

4 février 2017, la LIBÉRATION !

Enfin, c'est la bonne décision. Cette fois-ci, rien ni personne ne me fera changer d'avis. Après cette nuit-là, je ne retournerai jamais avec « l'autre ».

Trop de choses se sont passées entre nous, trop de violences, trop de rabaissements et de critiques… Je dois tout recommencer, mais je vais réussir, car j'ai beaucoup de volonté et de courage, et deux enfants qui comptent sur moi. Mais tout n'est pas si simple et facile, il ne suffit pas de dire que c'est fini avec une personne et la vie reprend son cours. Non, des moments difficiles, et d'autres bien pires encore, vous attendent. Beaucoup de nuits blanches, et des journées de stress, avec la peur de rencontrer son ex en allant à l'école, faire ses courses, ou tout simplement être dehors. À cette époque-là, comme j'avais quitté la maison, il était normal que je puisse récupérer mes affaires personnelles, des habits, mes produits cosmétiques et diverses petites choses. J'en avais informé « l'autre », et je pouvais venir les récupérer le jour à sa convenance, ainsi que mes clefs de voiture. Et ce jour-là, Annie était avec moi par sécurité, toutes mes affaires étaient dans des sacs-poubelle, comme si j'étais une grosse merde…

Mais dans ces sacs, il manquait ma prothèse dentaire, que j'avais ôtée le soir lorsque j'avais annoncé mon désir de rupture. Et quand j'ai demandé où était ma prothèse, « l'autre » m'a dit ne pas savoir !

Moi j'étais sûre qu'elle était passée à la poubelle. Je me retrouvais donc sans prothèse dentaire, avec quatre dents en moins suite à mes accouchements. J'ai eu beaucoup de casse également dans mes affaires, mais je n'ai rien dit, du moment que j'étais loin de « l'autre », j'étais contente !

Ce même jour, il m'a également dit que je pouvais rester dans la maison et que lui irait chez un ami. Mais étant donné que c'est une personne très instable qui raconte souvent de belles conneries, un vrai mythomane, les choses ne se sont pas du tout passées comme ça. Car « l'autre » a voulu revenir dans la maison, mais comme j'y étais, j'ai fermé la porte à clef et je l'ai prévenu d'appeler la gendarmerie s'il ne partait pas. Suite à ça, il est parti chercher Luc à l'école avant midi. J'étais dans tous mes états, il n'avait pas le droit de prendre Luc sans me le dire, comme un voleur. Je suis aussitôt allée voir la directrice de l'école qui me semblait un peu paniquée mais surtout dans tous ses états. Sur ce fait, elle m'a rassurée comme elle pouvait, en me disant de revenir pour la sortie de l'école à 16 h 00 et d'en informer la gendarmerie pour qu'ils puissent être présents si les choses tournaient mal. À 16 h 00, « l'autre » était déjà là, par précaution j'ai téléphoné à la gendarmerie, et devant tout le monde « l'autre » m'a fait passer pour une folle, une hystérique, parce que je parlais fort et que je pleurais en même temps. Je ne voulais pas qu'il parte avec Luc, j'avais peur pour lui, je voulais le protéger. PEUR ! PEUR ! PEUR ! J'ai eu peur qu'il m'enlève mon fils, j'ai peur de cette personne, de « ce FOU » !

Je suis allée chez mon amie Annie avec mon fils, soulagée, et je lui ai tout raconté. J'ai ensuite contacté mon ami Bob, qui était tout à fait d'accord que je parte quelques jours pour souffler, et en plus il m'a confirmé que rien ne m'en empêchait, que j'étais dans mes droits.

Nous voilà partis, Luc et moi, à 6 h 00 du matin, direction la Hollande chez ma sœur Corinne. En chemin, je me suis arrêtée pour prévenir l'école ainsi que la gendarmerie. Trois jours pour respirer, court mais efficace.

Tout ce mois de février a été extrêmement long. Je ne dormais pas beaucoup la nuit, sans cesse réveillée et debout pendant des heures. À ce moment-là, je me suis mise à écrire tout ce qu'il me passait par la tête, tout ce que j'avais sur le cœur, pour me vider la tête et l'esprit. J'avais perdu énormément de poids. Et me revoilà à étaler ma vie aux parents des enfants que je gardais. Bien sûr, une des mamans m'a enlevé sa fille par peur, je la comprenais, mais tout ça n'était pas de ma faute. J'ai partagé l'appartement d'Annie, ses filles et mes fils pendant deux mois, après ça elles sont parties, et mes enfants et moi avons repris l'appartement. Mon ami Bob m'a sortie de temps en temps prendre un verre dans un bar, j'en avais bien besoin, et cela m'a fait beaucoup de bien. Grâce à lui, j'ai remonté la pente, j'ai repris confiance en moi et mon moral allait mieux. Au mois de mai, « l'autre » et moi sommes passés devant le juge pour la garde de Luc. Et là encore, je me suis laissé bercer par ces paroles. Garde alternée, lui gardait la maison et dans cinq ans on vendait. Mon avocate m'avait mise en garde, mais moi je ne voulais qu'une chose, que tout se passe bien et retrouver une vie sereine.

Chapitre 15

David et Nadia m'avaient invitée pour l'anniversaire de Guillaume, le meilleur ami de David. J'étais contente de pouvoir passer une bonne petite soirée avec des gens sympas. Pour l'occasion, j'avais préparé une tarte à la rhubarbe meringuée, une première et plutôt réussie, et acheté une bouteille de rhum comme cadeau pour Guillaume. Ce soir-là a été la plus belle des soirées et la plus belle de mes nuits. Je me sentais tranquille, libre et zen. Nous avons passé une bonne partie de la soirée à jouer au billard et à bien rigoler. C'était vraiment une soirée sympa, simple, sans prise de tête, entre amis. La soirée a été longue, nous avions dû nous coucher vers les 3 ou 4 h 00 du matin, peut-être plus, je ne m'en souviens pas trop, car je n'ai vraiment pas fait attention à l'heure.

Le temps m'importait peu, j'étais bien !

Guillaume et moi avons dormi ensemble, ce qui n'était pas prévu, mais en tant qu'adultes responsables, on pouvait bien dormir ensemble !...

Mais une fois couchés, Guillaume m'a dit : « J'ai très envie de t'embrasser ! » Et pour ne rien vous cacher, moi aussi. Alors je lui ai tout simplement répondu avec un baiser.

Depuis cette magnifique nuit, un peu courte mais inoubliable, nous ne nous sommes plus quittés. Guillaume, c'est mon Grand Amour, l'Homme de ma vie, celui que j'ai tant attendu. Notre premier baiser a été comme un baiser de retrouvailles, comme si nous avions toujours été amoureux, mais loin l'un de l'autre !

Je me sentais revivre, heureuse et sans problème. Je ne pensais qu'à lui, à cette nuit, à ce baiser si tendre et si chaud, à sa douceur, à sa tendresse. C'est un homme tellement doux, gentil et attentionné, fort et beau, je ne pouvais que tomber amoureuse de lui dès le premier jour, même si je n'en étais pas consciente. J'ai présenté très rapidement Guillaume à mes enfants, car je n'avais aucun doute et tout coulait de source, comme une suite logique. On ne passait pas un week-end sans l'autre, du vendredi soir au dimanche soir je partais avec Luc, quand c'était ma semaine de garde, chez Guillaume. Et la semaine, nous nous voyions chez moi. Emma, la fille de Guillaume, s'entendait bien avec Luc, ils n'ont que deux ans d'écart, et les mêmes centres d'intérêt. C'était important et un grand soulagement. Pendant ma première année de séparation avec « l'autre », tout se passait plus ou moins bien, avec des hauts et des bas, mais dans l'ensemble c'était correct. Là où les choses se sont gâtées, c'est à partir du moment où j'ai annoncé à « l'autre » que je partais vivre avec Guillaume. Je n'avais pas le droit de quitter le village où Luc était inscrit à l'école. C'est plutôt qu'il n'acceptait pas que ma relation soit sérieuse avec Guillaume, et que je décidais de refaire ma vie. Ce jour-là, il m'a même dit que, de toute façon, Guillaume et moi allions nous séparer et que j'allais tomber gravement malade, d'après une voyante !

Ben voyons, je ne pense pas qu'une voyante annonce ce genre de chose, concernant la maladie.

Peu de temps après mon emménagement chez Guillaume, mon fils a commencé à changer de comportement. Il s'est mis à me mentir, à me raconter qu'il n'avait pas de devoirs, à vouloir rester chez son père, sous prétexte que sa grand-mère venait de Bretagne. Il n'était plus sympathique, toujours à faire la tête. À rester dans son coin, ne plus rien partager, même avec Emma, avec qui il s'entendait pourtant bien, il l'insultait de mots grossiers.

Il me demandait de lui acheter sans arrêt des baskets, un nouveau téléphone, des habits, mais de marque, alors qu'il savait que je ne travaillais pas. Je ne pouvais pas trouver un travail, sinon je n'aurais pas pu le déposer à l'école et le chercher. J'ai privilégié mon fils plutôt que moi. Et pourtant il était heureux de venir habiter là. Il a appris à couper du bois, à faire du feu pour le barbecue. Le soir sur la terrasse il dansait, on s'amusait bien tous les quatre, j'étais sûre qu'il se plaisait, qu'il était heureux…

Puis, tout s'est enchaîné. En avril 2019, je devais chercher mon fils pour la semaine, et là je reçois un SMS de son père me disant : « Luc est malade, j'étais avec lui chez le médecin, viens le chercher plus tard. »

Mais pour qui il se prend ? Si Luc est malade, je suis quand même capable de m'occuper de lui, c'est mon fils, je suis sa mère.

Je suis donc partie de chez moi pour arriver à l'heure prévue, et là une fois garée, j'ai regardé dans mon rétroviseur, et qui j'ai vu sortir de la maison ? « L'autre », s'approchant de ma voiture. J'ai fermé aussitôt de l'intérieur quand je me suis aperçue qu'il voulait ouvrir ma portière, et j'ai démarré en trombe et avancé sur un mètre. Je suis sortie de ma voiture, je n'ai même pas eu le temps de dire quoi que ce soit que déjà j'étais insultée de grosse et giflée, puis il m'a craché au visage. Je lui ai mis mes clefs de voiture sur la joue en lui disant d'arrêter, mais ça ne lui a rien fait, bien au contraire, il m'a même encouragé à lui faire mal, et a continué de me provoquer, en m'insultant de vieille pute, comme ma mère. Je l'ai repoussé, mais il ne s'est pas arrêté là, il m'a dit qu'il faisait de la musculation trois fois par semaine pour aller casser la gueule à Guillaume, qu'il savait où j'allais faire mes courses et que je devais surveiller mes arrières. Moi je voulais juste chercher mon fils, que j'appelais de toutes mes forces pour qu'il m'entende, mais aussi pour que quelqu'un m'entende. Mais sans grand succès, et il a continué de m'insulter de grosse, de vieille et de moche.

Toujours à s'approcher de moi pour que je le bouscule, je ne savais pas trop quoi faire, il me faisait peur, me terrifiait, il avait un visage de fou. Il m'a dit que bientôt je recevrais une lettre du tribunal, me regardais de la tête aux pieds avec son air dédaigneux. Quand soudain la porte s'est ouverte, et Luc est sorti de la maison, quel soulagement ! Je lui ai dit de monter dans la voiture, et « l'autre » a fait comme si de rien n'était, parlait tout gentiment avec Luc, et m'a dit d'une voix calme que Luc devait prendre ses médicaments.

Je tremblais comme une feuille, mais je suis restée en dehors de la voiture pour que Luc s'installe et que je puisse surveiller que « l'autre » n'y rentre pas. Une fois assise dans ma voiture, j'ai fermé les portes et j'ai démarré si vite que je n'ai même pas pris le temps de mettre ma ceinture. Je pouvais à peine rouler, ma jambe tremblait de trop, je me suis arrêtée assez loin de ce maudit, pour me calmer et téléphoner à Guillaume pour lui raconter ce cauchemar et lui dire que j'allais porter plainte à la gendarmerie. Dans la voiture en allant chez les gendarmes, j'ai demandé à Luc pourquoi il n'était pas sorti de la maison quand je l'avais appelé. Sa réponse m'a surprise, car du salon on entend un chat miauler, et lui ne m'avait soi-disant pas entendue !

Arrivée à la gendarmerie, j'ai porté plainte, pour violences et agressions, mais je me suis demandé et je me demande encore aujourd'hui, POURQUOI ?

Car de toute façon, les hommes comme lui n'ont jamais rien mis à part un rappel à la loi. Quelle blague ! Il faut que les femmes comme moi, et il y en a beaucoup trop, passent sous terre pour que ces hommes paient un jour.

Ce soir-là, j'ai eu beaucoup de mal à dormir, les images de la journée se répétaient sans cesse, ses paroles me hantaient. Le lendemain matin, je suis allée voir mon médecin pour lui expliquer ma situation, je lui ai tout raconté dans les détails, mes peurs d'aller faire mes courses toute seule, mes angoisses de la nuit… Il m'a alors prescrit des anxiolytiques.

La semaine suivante, j'ai reçu un recommandé pour passer devant le juge des affaires familiales pour le mois de mai. Je ne sais pas pourquoi on passait devant le juge, démarche inutile, juste pour m'emmerder. La juge n'avait pas trop compris cette démarche, car il ne demandait rien, même pas la garde de mon fils, ce à quoi je m'attendais.

Elle a juste remis les pendules à l'heure concernant les horaires, le passeport en ma possession et la pièce d'identité en possession du père. C'est tout !

Je me suis déplacée pour rien, car avec tous ses soucis, j'ai eu droit à une sciatique, qui me faisait souffrir depuis le mois de février. J'avais du mal à marcher et à conduire, et cela a duré jusqu'au mois d'août.

Chapitre 16

Pendant les vacances du mois de juillet, Luc était avec moi.

Cette année, nous ne sommes pas partis, car nos enfants n'étaient pas ensemble, le père de Luc avait décidé que cette année, encore pour m'emmerder, Luc serait avec lui au mois d'août. Alors que les années précédentes on s'était arrangés pour que Luc et Emma soient ensemble pour ne pas qu'ils s'ennuient. De toute façon, du côté de son père, ça ne changeait rien, Luc était de toute manière tout seul. Mais bon ! Durant les vacances, j'ai passé mon temps à l'emmener chez l'orthodontiste, il ne cessait de s'enlever les bagues de son appareil en faisant des chutes à vélo. Le pire, c'est quand je l'ai déposé à Truchtersheim voir ses copains. Comme il faisait toujours l'imbécile à faire des roues levées, eh bien cette fois, il s'est retrouvé aux Urgences. Je voulais en profiter pour aller rendre une visite à une de mes sœurs, mais à peine arrivée, j'ai dû faire demi-tour direction l'hôpital. Quand Luc m'a vue, il a fondu en larmes et je l'ai pris dans mes bras pour le réconforter. Il avait un trou dans la cuisse gauche, ce n'était vraiment pas joli à voir, mais heureusement il n'avait rien de grave, ni os ni nerfs n'étaient touchés.

On lui a fait quelques points de suture et mis un pansement, plus de peur que de mal. La chose rigolote, c'est que sa cicatrice est en forme de « L » à l'envers, comme Luc.

Les vacances étaient un peu foutues en l'air, il ne pouvait pas faire grand-chose pendant 10 jours, et surtout pas de piscine. Il était toutefois sympa, on a bien rigolé, et il a même appris à faire du badminton. Avant qu'il retourne chez son père pour les vacances, j'ai reçu des tas de SMS, m'imposant une heure et une date pour chercher Luc. Que soi-disant un site sur Internet calcule exactement l'heure à laquelle les enfants doivent être récupérés par les parents.

Des SMS pour me demander le passeport pour les vacances. Luc m'avait pourtant dit qu'ils iraient faire du camping dans le sud de la France, et chez sa grand-mère en Bretagne. Mais finalement, soi-disant, c'était pour partir aux États-Unis. Un voyage aux États-Unis, ça ne se prépare pas trois jours avant, il faut réserver les billets d'avion plusieurs mois avant.

Je ne sais pas pourquoi, mais je ne lui ai pas donné, peut-être un pressentiment. J'ai été, malgré moi, obligée de lui remettre, car les gendarmes m'ont téléphoné et obligée à lui remettre le passeport. Quand j'ai voulu connaître la date de départ pour les « États-Unis », Luc m'a dit que c'était annulé. QUELLE BLAGUE !

J'en étais sûre, c'était uniquement pour avoir le passeport de Luc en main, en vue d'une manigance !

Nous étions en septembre, et Luc devait dans quelques jours rentrer en 6e. J'étais très fière de lui, c'était un grand maintenant. Je n'avais toujours pas eu le dossier à remplir pour la rentrée, et quand j'ai demandé à l'avoir, « l'autre » m'a tout simplement dit qu'il remplissait sa part et que moi je devrais le remplir au collège. Et que Luc ferait anglais en 1re et 2e langues. Alors que moi j'aurais quand même aimé qu'il fasse allemand en 2e langue, car il apprenait l'allemand depuis la maternelle.

Mais mon avis ne comptait pas. À ma grande surprise, quand je suis allée au collège pour remplir le dossier, il était déjà complété par le père, je pouvais juste signer, même mon adresse et ma date de naissance, c'est « l'autre » qui s'en était chargé, il avait déjà commencé à me rayer de la vie de mon fils. J'ai laissé passer, après tout, ce n'était pas bien grave.

Mais c'était injuste, je suis quand même la mère de Luc, pendant toutes ces années je me suis occupé de lui. C'est moi qui, chaque année, remplissais les papiers, qui allais aux fêtes d'écoles, l'emmenais au taekwondo deux fois par semaine, me levais la nuit pour le consoler, ou changer ses draps quand il faisait pipi au lit quand il était bébé. C'est vers moi qu'il venait pour être consolé ou pour raconter ses peurs. C'est avec moi qu'il voulait toujours être. Et aujourd'hui, « l'autre » voulait m'enlever tout ça, mon rôle de mère, lui qui n'avait jamais été un père. Les parents sont là pour protéger leurs enfants, les élever, les éduquer, les aimer, et pas pour les séparer des membres de leur famille.

Pour qui se prenait-il ?

Déjà à l'époque où je vivais avec cette personne, je l'appelais Dieu.

Il croyait qu'il était au-dessus de tout et de tout le monde. Il croyait qu'il était le seul parent de Luc, il m'imposait des horaires, il me forçait à lui donner le passeport, je n'avais pas le droit de refaire ma vie, il remplissait le dossier scolaire, m'imposait de payer des frais d'orthodontie, de payer la moitié d'une paire de baskets super chère. Sans compter ses SMS réguliers, ses violences et menaces. Je n'en pouvais plus de ce type, je ne savais plus quoi faire, je ne dormais plus bien. J'ai pris mon courage à deux mains, et ai décidé d'écrire au juge des affaires familiales pour lui expliquer la situation dans laquelle je vivais, et qu'elle comprenne quelle personne était « l'autre ». Mais sans succès, cela n'était pas de son ressort, c'est tout, seule réponse…

Chapitre 17

Cela faisait un mois que je n'avais pas vu Luc et il m'avait manqué. Je l'attendais devant le collège, impatiente et heureuse de voir mon fils, mais le sentiment que j'éprouvais n'était pas du tout réciproque. Il m'a fait un petit sourire, très discret, m'a dit salut mais n'a pas pris la peine de m'embrasser. J'étais forcément déçue et triste à la fois, mais je n'ai rien dit, juste…

– Ça fait plaisir de voir que tu es content de me revoir ! un peu ironiquement…

J'imaginais qu'il allait se serrer tout contre moi, parce que je lui avais manqué. Mais non, si je lui avais manqué, il m'aurait donné un coup de fil de temps en temps, ou écrit un petit SMS. Alors je me suis contentée d'un petit bisou dans la voiture, loin des regards des copains. Sur le trajet, il ne m'a rien raconté de ses vacances et de sa rentrée scolaire. Moi je posais les questions et lui se contentait de répondre par oui ou par non, c'est tout, sans rajouter quoi que ce soit.

De retour à la maison, il était heureux de retrouver Jacks, mais a filé très vite dans sa chambre jusqu'au moment du repas. Et les jours suivants étaient tous identiques, rien, pas un mot, j'avais beaucoup de mal à le reconnaître, lui qui avait toujours été proche de moi, toujours derrière moi à me raconter des tas de choses, aujourd'hui plus rien. On aurait dit un autre enfant. Que s'était-il passé pendant les vacances du mois d'août ? Car son comportement était encore pire qu'avant. Nous n'avions plus de relation comme avant, il ne partageait plus rien, ne me racontait plus rien, ne me téléphonait jamais, si ce n'est que pour me demander quelque chose. Son père l'avait bien manipulé, et fait avec lui exactement ce qu'il avait fait avec moi. Le séparer de tout le monde, et fait croire que c'était lui le bien et moi le mal.

Durant les trois mois qui ont suivi la rentrée des classes, Luc me demandait de l'attendre sur le parking du supermarché, et de le déposer devant la maison de son meilleur copain Éric. Je pensais qu'il avait honte de moi et de ma vieille voiture. Je me suis largement trompée. Le mercredi 13 novembre 2019, j'ai reçu un coup de téléphone de « l'autre », je n'ai pas décroché, j'ai écouté le message…

« J'aimerais bien que Luc reste chez moi la semaine prochaine. Il m'a fait des révélations et je voudrais que l'on se voie tous les trois. »

Puis il m'a envoyé la même chose par SMS. Je l'ai appelé dans la foulée, mais il ne voulait pas m'en dire davantage, je lui ai répondu que j'en discuterais avec Luc quand je le chercherais vendredi.

Je ne comprenais pas de quoi il voulait parler, je me posais des tas de questions. Que me reprochait Luc ?

Le vendredi, comme prévu, je suis partie pour chercher mon fils, mais avant ça je me suis rendue chez Quentin pour qu'il vienne avec moi car j'appréhendais un peu. Je ne voulais pas me retrouver face à « l'autre », j'en tremblais rien que d'y penser.

Je ne voyais pas Luc sortir du collège, mais j'ai aperçu Éric et je lui ai demandé s'il avait vu Luc, et là j'ai reçu une grosse claque dans la figure quand ce dernier m'a annoncé que Luc était chez son père et qu'il n'allait plus vivre chez sa mère ! J'hallucinais, je ne comprenais rien, ça voulait dire quoi ça, il ne vivrait plus chez moi ?

Encore une manigance de la part de « l'autre », une manipulation de plus ! Il se servait de notre fils pour se venger !

J'ai téléphoné à « l'autre », qui m'a tout simplement dit que Luc restait chez lui comme prévu. Quel manipulateur, ce type ! Pour qui se prenait-il pour décider de me priver de mon fils, de quel droit ?

J'ai prévenu Guillaume, et avec Quentin je me suis rendue à la gendarmerie, pour déposer plainte pour non-représentation d'enfant. Mais malheureusement, tout n'est pas toujours aussi simple que l'on souhaiterait, car le gendarme en face de moi m'a fait patienter, et une femme s'est présentée à moi.

Une enquêtrice avec qui j'avais déjà eu affaire lors d'une précédente plainte contre « l'autre ». Cette dernière, mains dans le dos, m'a annoncé que le mardi 12 novembre, Luc et son père étaient venus pour porter plainte contre moi pour violence…

Je n'y croyais pas : c'était une plaisanterie, un cauchemar ! J'ai reculé, fondu en larmes, et Quentin, juste derrière moi, m'a prise dans ses bras, tout aussi abasourdi que moi. J'ai essayé de reprendre mes esprits, de me calmer, avec une grande difficulté, je voulais comprendre, j'ai expliqué le coup de fil de « l'autre ». Étant sous le choc, je bafouillais en parlant, je parlais vite tout en pleurant, et elle, elle s'énervait et me criait de me calmer, car elle avait autre chose à faire.

Mais quelle honte, pour cette femme, de me traiter de la sorte, comme si j'étais une criminelle ! J'étais calme, malgré tout sous le choc, mais calme. Après ce qu'elle venait de m'annoncer, je pouvais difficilement rester zen, elle ne m'avait pas annoncé la disparition de mon chat. Je pense avoir eu une réaction tout à fait normale. Puis elle m'a dirigée vers un bureau, a changé de ton, et a pris ma déposition pour non-représentation d'enfant. C'est tout ce qu'elle pouvait faire pour le moment, mais m'a prévenue qu'une enquête serait faite.

Une enquête ?

Quoi comme enquête ?

Je n'ai jamais violenté mes enfants, ou qui que ce soit !

On est sortis de cette gendarmerie, où j'y avais trop souvent mis les pieds pour pas grand-chose. J'étais relativement calme, en colère, mais calme comme si je venais de faire un cauchemar. J'ai déposé Quentin à son travail, on s'est serrés dans les bras l'un de l'autre pour se réconforter, et j'ai pris le chemin en direction de mon havre de paix.

Arrivée chez moi, j'ai raconté à Guillaume ce qu'il venait de m'arriver. J'étais très en colère contre Luc, mais surtout contre « l'autre ». Tout était de sa faute, c'est un grand malade...

Guillaume m'a servi un verre pour me détendre, mais rien n'y faisait. J'ai commencé à avoir des douleurs dans le ventre, à me gratter la main, signe de nervosité, et d'un bond je me suis levée de la chaise, suis sortie sur la terrasse et là j'ai craqué. J'ai pris conscience de ce qu'il m'arrivait et ai crié le prénom de mon fils : « Luc Luc Luc ! Pourquoi ? Pourquoi ? Pourquoi tu me fais ça ? »

J'étais sur le point de m'écrouler, mais Guillaume est arrivé juste à temps et m'a prise dans ses bras, a séché mes larmes et m'a embrassée doucement sur la joue, puis m'a ramenée à l'intérieur.

Dans la semaine, je n'ai pas mangé grand-chose et n'ai pas beaucoup dormi. J'ai pris des anxiolytiques pour dormir un peu et ne pas trop penser à tout à ça.

J'avais du mal, beaucoup de mal, à comprendre mon fils, à comprendre le pourquoi de cette mascarade. Qu'est-ce que je lui avais fait pour qu'il me fasse une chose pareille ? Quel enfant peut faire ça à sa propre mère ?

Mon cœur était déchiré, brisé, meurtri, je ne comprenais pas.

Mais je n'ai pas lâché prise. Le vendredi suivant, je suis partie chercher mon fils, et j'ai emmené mon chien pour me protéger de « l'autre », même si mon chien n'est pas méchant, mais il est dissuasif, c'est un berger allemand. Je me suis garée sur le parking du supermarché et me suis rendue à pied devant l'école. Un copain de Luc m'a interpellée, m'a demandé si j'étais la maman de Luc et m'a indiqué l'endroit où il se trouvait, juste derrière les buissons. Mais quand Luc m'a aperçue, il a fait demi-tour en courant à toute allure. Moi, je suis restée là, scotchée, figée, sans rien dire, sans aucune réaction face à cette attitude. Je me suis rendue à la gendarmerie pour le signaler, pour que l'on ne puisse pas dire que je ne faisais rien ou je ne sais quoi ! Mais je savais bien que ça ne servait à rien, la justice ne fait pas grand-chose, et depuis le temps que je m'y rendais, ils n'avaient jamais rien fait pour moi. Aucune de mes plaintes n'a abouti à quoi que ce soit, « l'autre » n'a jamais rien eu.

Je ne savais plus quoi faire, je voulais juste être lavée de toutes ces horreurs. De « l'autre » qui continuait à s'acharner contre moi, et même jusqu'à mon propre fils, qu'il retournait contre moi.

Mais quelle horreur, quelle souffrance !

J'étais perdue, me sentais triste, en deuil, nulle, malheureuse.

Il fallait que je fasse quelque chose pour me sortir de tout ce ramassis de conneries, que je sauve mon honneur.

Quelques jours plus tard, j'ai pris une feuille de papier, un stylo, et j'ai écrit au président de la République, lui expliquant ma situation, mon calvaire, cette persécution que je subissais, encore et encore, malgré ma séparation avec « l'autre ». Toutes ces violences que j'ai subies pendant nos 16 années de vie commune et qui continuaient, comme si nous étions toujours ensemble.

Qu'il manipulait mon fils, le montait contre moi, et s'en prenait à tous ceux qui m'entouraient.

Également au procureur de la République, pour porter plainte pour harcèlement et faire une demande d'éloignement.

Le président de la République m'a répondu assez rapidement qu'il était sensible et attentif à mon témoignage. Que Madame la garde des Sceaux s'en chargerait. Plutôt cool !

Un soir, j'ai reçu un coup de téléphone de mon fils aîné Quentin. Il m'a raconté qu'il avait voulu savoir le pourquoi d'une telle réaction de son petit frère, en lui envoyant un message. Mais que c'était « l'autre » qui lui avait répondu qu'il devait laisser son frère tranquille et ne pas l'influencer dans ses choix. Puis, deux jours plus tard, il a croisé « l'autre » au supermarché, que ce dernier lui avait donné un coup de tête. J'ai cru à ce moment-là que je n'entendais pas bien. D'abord, c'est sur moi qu'il avait levé la main, et maintenant il s'en prenait aussi à Quentin. Bien évidemment, il est allé porter plainte pour agression, et en plus tout a été filmé. Mais quand cette persécution de cette abominable personne s'arrêtera ? Jusqu'où ira-t-il ?

Chapitre 18

Début décembre, je me suis rendue à la convocation du tribunal pour enfants, super nerveuse, j'avais peur de me retrouver face à « l'autre ».

Heureusement, Guillaume m'a déposée devant le tribunal, et je savais qu'il n'allait pas se garer trop loin pour être là rapidement si j'étais dans le besoin. Je n'ai pas fait appel à un avocat, car je n'avais rien à me reprocher, et je pensais ne pas en avoir besoin.

Pendant l'audience, j'ai entendu des tas de saloperies et de mensonges, je n'arrivais pas à croire ce qu'il m'arrivait, fallait que je me réveille !

On me traitait d'alcoolique, de violente !

À bout, je suis sortie en pleurant de cette salle, je n'avais qu'une seule envie, c'était de rentrer chez moi, loin de tout ça. Mais la juge m'a cherchée, m'a consolée et m'a ramenée dans la salle. Moi, je continuais à avoir les yeux qui coulaient, j'essayais de regarder Luc, mais les deux avocats s'avançaient pour me cacher la vue. Une fois que tout a été dit, la juge nous a demandé de sortir pour délibérer. Dans le couloir, seule avec Luc et son père, qui ne s'empêchait pas de me dire en se retournant :

– Je vais te claquer la gueule !

Même au tribunal il me menaçait, il n'avait vraiment honte de rien. Et le pire, c'est que Luc était juste à côté, mais ne disait rien. Mais où était mon fils ?

Après délibéré, la juge a statué que Luc n'était pas en danger chez moi, heureusement, et que rien n'indiquait un changement pour la garde alternée. Mais quand Luc s'est mis à pleurer, j'ai halluciné, alors j'ai dit qu'il pouvait rester chez son père, mais que je souhaiterais qu'il aille en internat. Vu que je pensais que mon fils était manipulé par son père, ça aurait été une bonne chose. La juge n'a pas trouvé ça nécessaire, il devait rester chez ses parents respectifs, comme le jugement l'indiquait. Aussi qu'un éducateur spécialisé prendrait contact avec nous, pour une enquête.

Je suis partie du tribunal, plus abattue que jamais, et très rapidement, car j'avais peur de croiser « l'autre ». Guillaume m'attendait juste devant, il m'a prise dans ses bras, m'a déposé un baiser tendrement sur la joue. Heureusement qu'il était là, j'ai tellement besoin et confiance en lui. C'est un homme formidable et d'une gentillesse rare.

Courant janvier 2020, j'ai reçu deux courriers, un du ministère de la Justice, pour m'annoncer que mon dossier avait été pris en compte et que ma correspondance serait transmise pour examen à la direction des affaires criminelles et des grâces, ainsi qu'au préfet du Bas-Rhin. Le deuxième à quelques jours d'intervalle a été effectivement celui du préfet du Bas-Rhin, qui avait également pris en compte ma plainte, et que la gendarmerie départementale me contacterait rapidement.

Tout ceci était bien beau, mais ça ne me soulageait pas

plus que ça. Moi j'aimerais que « l'autre » paie un jour pour tout le mal qu'il a fait à mes enfants et à moi.

Ce n'est pas normal qu'une personne aussi mauvaise et méchante s'en sorte comme ça. À croire que dans la vie il n'y a que les méchants qui s'en sortent bien et les gentils payent pour eux.

Début février, j'ai reçu ce fameux éducateur spécialisé, qui m'a expliqué le déroulement de la procédure, qui comprenait deux visites. Une pour entendre ma version des faits évoqués par Luc et la morale, l'autre pour que je lui parle de mon enfance et de ma vie de femme, ainsi que de ma relation avec « l'autre ». Qu'un rendez-vous chez un psychologue, voir psychiatre, serait aussi nécessaire. Qu'à l'issue de son rapport au bout de quatre mois, nous serions convoqués, parents et enfants, devant le juge pour enfant, qui donnerait sa décision.

Puis il a commencé à me faire la morale, que c'était moi l'adulte, c'était à moi de faire le premier pas vers mon fils. M'a demandé si j'aimais Luc. Bien sûr que j'aime Luc. Durant une heure, il m'a questionnée. Si c'était vrai que je frappais mon fils, que je buvais et que Luc était obligé de m'aider à monter les escaliers. Si Guillaume et moi l'insultions de tapette, et que je pointais Luc avec un fusil. Mensonge, tout était mensonge, je n'ai jamais violenté mes enfants. Mais je vous avouerais, qu'aujourd'hui, si Luc était en face de moi, je lui mettrais bien une bonne gifle pour tout le mal qu'il a fait autour de lui, à son frère y compris, et pour tous ses mensonges. Car Quentin, même s'il ne dit pas ce qu'il ressent, je sais bien qu'il souffre du manque de son frère.

Luc nous a exclus de sa vie, reniés, a tiré un trait sur nous, comme si nous n'existions plus !

Trois semaines plus tard, l'éducateur est revenu me voir, pour que je lui raconte mon histoire. Cette histoire qui parle de moi enfant, adolescente et mère.

Cette enfance et adolescence qui fut heureuse, avec des parents aimants, des frères et sœurs proches. Et là où ça s'est gâté, c'est en tant que mère, femme, et surtout quand j'étais avec le père de Luc. « Ce fou », pervers narcissique, mythomane, violent et manipulateur. Il a dû être choqué, car il faisait souvent les gros yeux en m'écoutant. Mars 2020, c'était le confinement, un virus venu de Chine s'est étendu sur toute la planète, tout le monde a été confiné. Guillaume et moi pensions être tranquilles, sans avoir de courriers du tribunal, ou je ne sais quoi d'autre. Mais non, la gendarmerie de Truchtersheim nous a convoqués pour entendre notre version, au sujet de la plainte de « l'autre » et Luc.

Fallait mettre un masque, rester chez soi et ne pas rencontrer du monde, mais là ça ne dérangeait personne que l'on sorte pour une convocation à la gendarmerie, c'est quand même malheureux. Bref, nous voilà masqués, en direction de la gendarmerie, personne dehors, c'était une atmosphère très bizarre, un goût de fin du monde, ça faisait froid dans le dos.

Nous avons été interrogés à tour de rôle, pendant que l'un attendait dans la voiture, sous une chaleur étouffante. Nous avons raconté notre version, rien que la vérité, et nous avons eu droit aux prises d'empreintes, photos, ADN, comme des criminels. J'en ai pleuré tellement j'ai trouvé ça horrible, et cauchemardesque. Je ne pense pas que Luc savait ce qu'il était en train de faire. Mais je peux vous dire que c'était comme à la télé, quand on commet un crime.

Tout le monde croyait que j'étais coupable, car personne ne s'inquiétait vraiment de ce que je ressentais, de ce que je vivais, de ce que nous vivions Guillaume et moi, vu que lui était également accusé.

Vous voyez comment deux personnes peuvent foutre en l'air la vie de deux autres personnes. Dans le seul but de faire du mal, uniquement par vengeance et jalousie.

En sortant de cet endroit, où j'espère ne plus jamais y mettre les pieds, Bob, mon soi-disant ami, m'a interpellée et m'a informée que la plainte de Quentin allait porter ses fruits, vu qu'il y avait une caméra. Je l'ai regardé, et j'ai soupiré en pensant dans ma tête qu'il serait temps. Puis nous sommes rentrés chez nous.

Guillaume et moi vivions un enfer. Et les seuls soutiens que nous avions se comptaient sur les doigts d'une main. Il y a des mamans que j'ai essayé de contacter, et qui m'ont tourné le dos parce qu'elles m'avaient elles aussi déjà jugée coupable. Mais ce n'est pas grave, un jour la vérité se fera entendre, et ce jour-là, c'est moi qui tournerai le dos à toutes ces mamans. En tout cas, moi, je suis droite dans mes baskets, j'ai la conscience tranquille, car je n'ai rien du tout à me reprocher, si ce n'est d'avoir croisé sur mon chemin « l'autre » en l'an 2000.

Trois mois plus tard, c'est la gendarmerie de proximité qui m'a convoquée, suite à mon courrier au procureur de la République. Je m'y suis rendue le 26 juin, il faisait chaud, et j'étais dans une petite salle, sans que l'on me donne un verre d'eau, durant quatre longues heures. Me revoilà à raconter mon histoire, encore et encore. C'était plus un interrogatoire, quand même, car il m'a surtout posé des questions sur la plainte de Luc.

C'est moi qui envoyais des lettres pour porter plainte contre « l'autre », et c'est moi qu'on interrogeait, comme une coupable. Je trouve que la loi est vraiment mal faite, même qu'il n'y a pas de justice pour les femmes.

Bien entendu, j'ai dû porter plainte et, comme toujours, c'est tout ce que je pouvais faire, et comme toujours ça ne servait à rien. Je n'ai jamais reçu de nouvelles de ce gendarme.

Je pense souvent à mon fils Luc, et j'essaye de comprendre pourquoi il a fait tout ça. Comment a-t-il pu raconter autant de mensonges ?

Par jalousie, comme son père, que je sois enfin heureuse, et que je ne suis plus avec son père ?

Tous ces mensonges, renier son frère, sa mère, ses proches. Mais un jour, il aura besoin de nous et ce jour-là, il sera peut-être trop tard !

Il devrait avoir honte, de tous ces mensonges, car ça ne le mènera à rien. Quand il sera un homme et qu'il aura une femme, des enfants, que va-t-il leur dire ? J'ai menti pour une paire de baskets, ou parce que je ne supportais pas de voir ma mère heureuse avec un homme ?

La vérité se sait toujours un jour ou l'autre !

Chapitre 19

J'ai fini par reprendre contact avec mon avocate, par le plus grand des hasards, juste en allant chez elle récupérer mon dossier. À ce moment-là, je voulais et pensais pouvoir me défendre toute seule, mais elle me l'a fortement déconseillé. Se défendre seule face à des avocats et des juges, il faut drôlement s'y connaître en lois. Ce qui n'était absolument pas mon cas, mais comme je n'avais rien à me reprocher, j'étais sûre de pouvoir y arriver toute seule. Aujourd'hui, je suis ravie qu'elle m'accompagne et me soutienne dans cette histoire de fou. Sans elle, et son collègue, je ne m'en serais jamais sortie. Ce sont deux très bons avocats, que je conseillerais à beaucoup de femmes dans ma situation. J'ai une totale confiance en eux, ce que je n'avais pas ressenti lors de ma séparation en 2017, avec ma première avocate, qui ne pensait qu'à son argent. Au mois de septembre, je me suis rendue au tribunal pour enfants avec mon avocat, que je nomme Jo, pour la conclusion du rapport de l'inspecteur de l'assistance éducative. Mon avocat m'a défendue comme une bête, il est tout simplement formidable. La juge a conclu à un droit de visite avec une éducatrice qui me permettait de revoir mon fils.

Ce jour-là, dans le tribunal, quand j'ai aperçu Luc, je n'ai eu qu'une seule envie, c'était de le serrer dans mes bras. Et je l'ai fait, j'ai pris Luc dans mes bras et je lui ai dit que tout allait bien se passer. J'étais heureuse de l'avoir serré dans mes bras, malgré tout ce qu'il m'avait fait, mais je n'ai pas vraiment senti l'amour d'un fils.

À ce jour, j'ai vu Luc une seule fois et je suis obligée de verser une pension alimentaire à « l'autre », de 20 euros. Je trouve ça très humiliant pour lui, à sa place, moi, j'aurais honte de percevoir une telle somme. Mais vu que rien ne l'arrête, et qu'il n'a honte de rien, cela ne m'étonne même pas.

La plainte que Quentin a déposée, pour agression, n'a absolument rien donné, et mes plaintes non plus. La seule chose que « l'autre » a eue, c'est un seul rappel à la loi. Pour ne pas dire absolument rien !

Je travaille dans une petite boîte en tant qu'intérimaire, je me suis acheté une petite voiture et je me sens mieux.

Au bout de 20 années de calvaire, de persécution, de violences, physiques et verbales, et j'en passe, j'ai enfin rayé de ma tête « l'autre », il ne me fait plus peur aujourd'hui, je me suis endurcie et suis redevenue plus forte.

Même si tout n'est pas encore fini, le plus rassurant, c'est que je n'ai plus de nouvelles de « l'autre », même si toutes les démarches pour revoir mon fils me font malgré tout penser à lui.

Je suis libre de faire et de penser ce que je veux.

Petit message à toutes les femmes violentées :

Arrêtez de vous laisser faire, quittez les hommes violents, il y a toujours une porte qui s'ouvre pour vous accueillir, et ne baissez jamais les bras.

Ce genre de personne ne nous mérite pas !

Alexandra.